JN119283

税務調査官はココを見る！

Q&A

中小企業の
誤りが多い事例と
判断に迷う事例

所得税　源泉所得税　消費税　法人税

税理士
髙橋幸之助

税理士
菅原温子

一般財団法人
大蔵財務協会

は じ め に

　昨年からの新型コロナウイルス感染症の影響で、中小企業者は十分な事業活動ができない状況が続いており、事業の縮小、撤退、さらに業態転換と、日に日に厳しい状況にあります。

　中小企業者にとって、売上を拡大し業績向上を目指すことは重要ですが、同時に無駄な税金の支出もなくさなければなりません。

　特に、源泉所得税、消費税、法人税等について税務上の取扱いを誤ると無駄な支出をすることになります。

　そうならないためには、経営者又は経理担当者は自身に関わる税についてはもちろんのこと企業の活動に関わる税についての幅広い知識が必要となります。

　一方、我が国の申告納税制度の下では、納税者が自ら納税額を計算し申告、納税という仕組みとなっています。

　したがって、納税者が税法の規定に従って納税額を計算していなかった場合には、税務当局による更正決定等が行われ追加で納税することになり、税務当局の更正決定等の機会は、税務調査を通じて行われることになります。

　税務調査を受ける側の中小企業者にとっては、税務調査官の調査のポイントを事前に理解することが大事になります。

　本書は、第1章では、税務調査対策を目的として、勘定科目別税務調査のポイントを掲載しています。どんな調査官が来て、どこを税務調査のポイントにするのか、分かりやすく解説しています。

　第2章から第3章では、Q&A形式により税目別の誤りやすい事例と判断に迷う事例を掲載し、税務上の取扱いを理解していただくと同時に「調査官はココを見る！」との見出しで、さらに、調査のポイントを解説しています。

　また、【レクチャー】では、税務調査官の調査の着眼点を項目別に解説するとともに、実務上、税目別の知っておくべき基礎事項を解説していま

す。
　《コラム》では、日常の興味ある税務の話題を提供しています。

　本書は、税務調査のポイントと税務調査官の着眼点などを中心として掲載していますので、中小企業者のみならず、実務家の方々にも税務調査の際に参考となり、税務調査の際の良きパートナーとなる一冊であると確信しております。

令和３年10月　著者

CONTENTS

第4章　消費税関係

第5章　**法人税関係**

第 1 章

勘定科目別税務調査の
ポイント

調査に来るのはどんな調査官？
～所属部署で調査の仕方が異なる～

調査を行う部署

「私、○○税務署法人課税第5部門、○○と申します。この度御社の税務調査にお伺いしたいと思いご連絡させていただきました。つきましては日程の調整を…」

調査官からの調査予告はある日突然やってきます。税理士が関与する場合で調査の通知を代理人に行うことに同意する旨の「税務代理権限証書」を提出している場合は、顧問税理士に対して通知が行われます。

さて、この調査官はどんな調査官なのでしょうか。担当者は何人で来るのか、それぞれの調査官の所属はどこなのかを確認しておきましょう。

税務署には調査を担当する部門がいくつかあります。まずはその部署について整理してみます。

1　個人課税第○部門、資産課税第○部門、法人課税第○部門

税務署には内部事務を担当する部門の他に、調査を担当する部門がいくつかあります。これらの部門では一般的な調査を行い、調査経験の少ない若手調査官を指導するためにベテラン調査官が同行して調査をすることもあります。中には若いと思っても調査経験がある調査官や、勘の鋭い調査官もいるため、油断禁物です。時々「私まだ経験が浅いので勉強させてください」と言って、経営者の「教えたがり心」をくすぐり会話を引き出し、ついつい経営者が口を滑らせてしまう、というようなこともあります。

また、繁華街のある税務署においては、事前通知なしの調査などを専門に行う部門があります。ベテランの上席又は調査官と若い調査官がペアとなって調査を担当します。事前に外観調査、内観調査等の綿密な準備調査を実施しており、不正経理を想定して調査が行われます。

税目等で分かれる調査担当部署

個人課税（所得税、消費税）	特別国税調査官
	個人課税第〇部門
資産課税（譲渡所得、相続税、贈与税）	特別国税調査官
	資産課税第〇部門
法人課税（法人税、消費税、源泉所得税）	特別国税調査官
	法人課税第〇部門
	情報技術専門官
	国際税務専門官
	特別調査情報官

2　特別国税調査官

　特別国税調査官は税務署の中でも規模の大きい法人の調査を行います。特別国税調査官と一緒に付（ヅキ）と呼ばれる上席国税調査官や国税調査官が担当します。

　特別国税調査官の多くは50代、その付の上席等もベテランが多く、多額の非違を想定して調査を行います。

　大規模署には総合調査担当があり、所得税、相続税、贈与税及び法人税といった多税目を同時に調査します。

　また、個人課税部門には開発調査担当があり、常に資料情報を収集しています。特に有効活用が見込まれる資料とその収集先を探求しています。

3　情報技術専門官

　情報技術専門官は、後述する国際税務専門官及び特別調査情報官を含め、大規模な税務署に設置され、近隣の税務署の管轄も広域的に担当しています。この部署は機械化会計や電子商取引に関する調査などを行います。担当する署の調査に同行し、専門的な調査及び取引資料を収集します。

　ちなみに国税局には電子商取引を専門に税務調査・情報収集を行う電子商取引専門調査チームがあります。これは近年インターネットが普及し、

電子商取引が急速に進展していることから設置されました。電子商取引は、①取引が広域化、国際化、②事業者の把握・特定が困難、③取引記録の把握・確認が困難という特徴から課税取引を捕捉しにくいため、専門チームが効率的に調査を行っています。

　インターネットで副業をして利益があるにもかかわらず、確定申告をしないと「副業で得た利益について申告していますか」とお尋ねが来たり、税務調査が入ったりするかも知れません。

4　国際税務専門官（法人税担当及び源泉所得税担当）

　近年では中小企業でも海外取引が一般的になってきました。そのため、国際税務専門官が海外取引のある納税者の調査に同行し、海外との取引価格が適正であるか（移転価格）やタックスヘイブン税制など海外取引を重点的に調査します。

　海外との取引のうち、源泉徴収の必要な取引について源泉徴収が行われているか、また、租税条約に基づいて適切に処理されているかについては、源泉所得税担当の専門官が調査します。

5　特別調査情報官

　広域的に事業を行っているグループ法人の調査などを行っています。通常の調査は各法人の所轄の税務署が調査しますが、広域的なグループ法人については、グループ全体を調査することが有効であるため、同時に調査をします。

　このように納税者の規模や事業の内容により担当する調査官の部署や人数が変わります。

売上は調査項目のトップバッター
～調査前から多角的に情報リサーチ～

売　上

　税務調査で調査官が最初に確認するのは売上です。実は売上は調査が難しい項目でもあります。なぜなら、経費は記帳されている内容が正しいかを確認すればいいのですが、売上の計上漏れや除外は帳簿に載っていないことを把握しなければならないからです。

　売上についての非違金額は、案件によっては数千万円、数億円…と、多額になることもあります。だからこそ、最初に売上の確認から入るのです。

▶▶調査官はココを見る！ ……………………………………………………

1　調査に来る前から調査は始まっている

　有能な調査官は調査前にもいろいろな角度から情報を仕入れています。マスコミ、インターネットやSNSなどを見て、会社の概要、取引先や社長の趣味なども参考にしています。また、事務所や倉庫、時には社長の自宅の外観も確認します。

2　取引形態によって調査法は異なる

　売上には、不特定の者との現金取引（小売、飲食等）と特定の者との取引（卸、製造等）などがありますが、当然にその見方は変わってきます。

　前者の場合は、日々の売上の記帳は正しいか、現金の管理がキチンとされているかを確認するため、帳簿と現場の現金残高を照合します。

　そして、記帳は誰がしているのか、記帳の基となる原始記録や証憑（レジペーパーや領収証の控えなど）とその記帳は合っているのか、レジを打つのは親族か、親族以外か、オーナー自身か、などを確認し、照合すべきところを抽出しチェックしていきます。

　後者の場合は、誰が、どんな手段（FAX、メールなど）で受注し、誰が起票し、どこを経由して経理までたどり着くのか、その過程で誤りや不正経理の起こりやすいところや、イレギュラーな取引がないか、などを確認します。原始記録と人、モノ、金の流れを追い、経理だけでなく組織全

体を把握し調査を進めます。

　また、売上の計上時期についても正しいか確認します。法人税法では資産の販売若しくは譲渡又は役務の提供に係る収益の計上時期は、その資産の販売等に係る目的物の引渡し又は役務の提供の日と規定しています（長期割賦販売等、別段の定めがあるものを除く）。商品等の引渡しがあった日とは、出荷した日、船積みをした日、相手方に着荷した日、相手方が検収した日等、当該商品等の種類及び性質、その販売に係る契約の内容等に応じその引渡しの日として合理的であると認められる日のうち法人が継続してその収益計上を行うこととしている日になります。出荷基準で売上を計上している法人が、20日締めで請求書を発行している場合などで、締日以後の出荷分の売上の計上が翌期になっているものはないか、納品書の控、運送伝票の控などで確認します。

　期末までに引渡しがあったにもかかわらず、利益調整のため売上を翌期に計上していることもあるため、翌期首に計上されている売上については、特に念入りに引渡しの日がいつか、原始記録等から確認していきます。

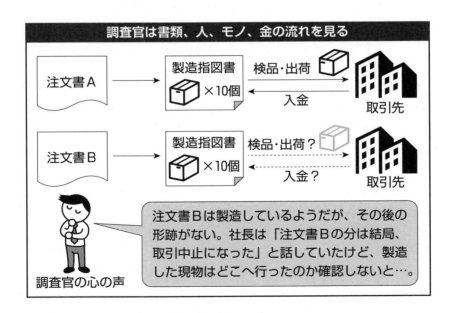

仕 入

　調査官は仕入勘定のどこに重点を置いてチェックしているのでしょう。

　仕入は企業活動の核となるものです。商品販売業などは仕入がなければ売上は発生しません。仕入の調査は、卸売業、小売業や製造業など業種業態により見るポイントが変わります。

》》調査官はココを見る！ ………………………………………………

1　卸売業や小売業など

　卸売業や小売業などの場合には、まず決算期末前後の取引について、納品書、請求書などから納品日や納品先を確認します。そしてその仕入れた商品をいつ、どこへ販売したのか、発行した納品書控や請求書控などと照合し、以下の点などをチェックします。

　①　期末までに納品しているにもかかわらず、翌期に売上が計上されていないか。

　②　仕入先からの納品日が翌期にもかかわらず、当期の仕入に計上されていないか。

　また、単発取引や決済金額がラウンド数字の取引については、架空仕入を計上しているケースも考えられるため、決済状況（現金決済か振込決済かなど）を確認したり、反面調査により取引先に取引状況を確認したりします。

2　製造業など

　製造業の場合、調査官は工場内に保管される製造指図書などの原始記録により製品の流れを確認します。そして経理は何を基に決済や記帳をしているのかなど、「人、モノ、金」の流れを調査していきます。卸売業、小売業などと同様に単発取引なども確認していくことでしょう。

　また、通常販売できないB、C級品にも興味を持ち、その保管場所や管理状況などについて生産現場の担当者に直接確認します。廃棄したのであ

れば、産廃業者が作成した見積書や請求書と廃棄品の種類や数量が合っているか検討します。もし、スクラップとして売却しているのであれば、決済はどうなっているか、売上又は雑収入に計上されているかを帳簿と照合していき、疑問点があれば反面調査も行います。

3　業種共通の確認事項

　連年の決算書を比較して、売上高にはあまり差がないのに売上総利益が減少している場合、その理由は何かを確認します。仕入単価や製造間接費で価格が高騰したものがあるのかなど納品書や請求書等から確認する他、販売単価に転嫁できなかった理由を聴き取り、売上の納品書控や請求書と照合してチェックするなどしていきます。

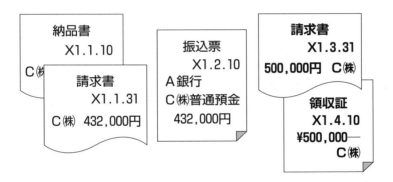

C㈱は1月は納品書があるのに期末の請求書の分の納品書はないし、請求書の書式も違う。決済も通常は振込なのに、期末の取引だけ現金決済だ…。

9

4

棚卸も売上や仕入同様、重点的に調査
～棚卸を行った担当者に聴き取りも～

棚　卸

　棚卸勘定は棚卸として計上すべきものが漏れていることが多く、また、容易に利益調整を行える勘定科目なので、調査官は売上及び仕入勘定と同様、重点的に調査します。棚卸には、商品・製品・半製品・仕掛品・原材料・貯蔵品などがあり、売上総利益（粗利）を左右する重要な勘定です。

》調査官はココを見る！ ………………………………………………
1　原料や製品など
　実地棚卸はいつ誰がどのような方法で行ったか、その集計は誰が何に基づいて行ったか、担当者が記載した棚卸表やメモなどの原始記録はどこに保管されているか、実際に在庫が保管されている場所はどこか、などについて確認し、実際に棚卸を行った担当者から聴き取りも行います。確認した内容に基づき、棚卸表や納品書などの原始記録から種類数量に誤りがないか、評価額は正しいか、付随費用（引取運賃など）も含まれているかチェックします。そして次のようなものが棚卸に計上されているかについても確認します。
　　①　期末に仕入れた原料や商品で、翌期の売上に計上されているもの
　　②　出荷はしているが得意先に未着となっている積送品で、売上の計上が翌期になっているもの
　　③　仕入先からの未着品（仕入計上済みのもの）
　　④　取引先への預け在庫等
　取引先への預け在庫を除外したり、実地棚卸表の一部を集計から故意に除外したりするケースもあるため、調査官は丁寧に見ていきます。在庫の保管場所が外部の場合、倉庫業者からの請求書等で保管期間を確認し、計上されている在庫数や売上の計上時期が正しいかもチェックします。
　また、廃棄損が計上されている場合は、廃棄したことがわかる書類などで、いつ、どのように廃棄されたかについても確認します。

2 仕掛品など

　売上の計上が翌期である取引について、外注先からの見積書や請求書、作業日報や社内の進行予定表などから、期末時点での外注費や人件費などの棚卸計上額が正しいかをチェックします。

　例えばソフトウエア製作の場合、期末で未完成のものについて期末までに誰が、どのくらい従事したかを作業日報等で確認し、仕掛品としての計上額が正しいかを検証します。

　棚卸の計上額は社外との取引額ではなく会社で計算するものなので、計上額について説明できるよう、計算根拠となる書類を整理しておくことをお勧めします。

納品書 X年3月30日		
A株式会社御中		株式会社B
品番	数量	備考
TA-Y	350	C社様直送

納品書 X年3月31日		
A株式会社御中		株式会社B
品番	数量	備考
TA-X	120	

期末近くに外注先C社へ直送した無償支給材が材料棚卸表にないなあ…。
C社からの仕入は翌朝になっているみたいだし…。

材料棚卸表

TA-X　120

TA-Z　200

⋮

5 個人に対する外注費に注意
〜「請負契約」か「雇用契約」かチェック〜

　外注費は金額も大きく、業種によっては原価勘定の中で大きなウエイトを占める勘定科目であり、不正計算や誤りの多い科目でもあります。

≫調査官はココを見る！ ……………………………………………
1　まずは契約内容を確認

　特に個人に対する外注費は、その支払が「請負契約」に基づくものなのか、「雇用契約」に基づくものなのかによってその経理処理が変わりますので注意が必要です。

　請負契約に基づくものであれば、その支払は外注費となり、消費税は課税仕入れとなります。しかし雇用契約に基づくものであれば、その支払は「給与」となり消費税の課税仕入れにはなりませんし、他の社員同様、源泉徴収の必要があります。建設業によくあるのが、専属で仕事をしてもらっている個人の方への支払が外注費として計上されているケースです。この方の役務の提供が「外注費」なのか「給与」なのかは、おおむね次のような点を総合勘案して判断します。

　　①　役務提供について、他人の代替が許容されること。
　　②　役務提供に当たり事業者の指揮監督を受けないこと。
　　③　引渡未了物件が不可抗力のため滅失した場合等には、既に提供した役務に係る報酬の請求ができないこと。
　　④　役務の提供に係る材料や用具等をその個人が持ち込んでいること。

　などの事情があればその役務の提供は、請負に係るものとして外注費と判定します。

　また、請負契約であっても、デザイン料や原稿料など源泉徴収しなければならない支払もありますので、請求書や納品された現物などで取引内容を確認します。

2　売上と照合

　建設業などでは外注先から来た見積書、請求書等の記載内容や工事台帳、作業日報、社内の予定表などから

　①　売上に計上されていない現場に係るものはないか

　②　期末までに引渡しが完了していると思われるものが、翌期の売上に計上されていないかなどをチェックします。

　その他、請求書等に現場名の記載のないものや、単発、ラウンド数字、利益率が著しく低い取引などは、仕入と同様、架空計上や水増し計上の恐れもありますので調査官は反面調査や銀行調査、場合によっては社長のスケジュール帳も確認して、重点的に調査します。

請求書	
A社御中	X年12月10日
	B㈱
Xビル工事一式　3,000万円	

領収書	
A社御中	X年12月20日
金　3,000万円	
現金・小切手・手形	
	B㈱

　B㈱に発注したXビル工事には見積書もないし、請求書に内訳もなく、どんな工事をしたのか内容がわからない。反面調査して確認しようか…。
　支払は手形でされているようだから、その後のお金の流れを銀行で調べてみるか…。

従業員の実態を徹底調査
～役員給与は支給額が適正かも検討～

> ### 人件費

　人件費も金額が大きく、源泉徴収税額の計算誤りや不正経理が起こりやすいことから、調査官が必ずチェックする科目です。

≫調査官はココを見る！ ………………………………………………

1　給料手当、雑給

　配席図、タイムカード、業務日報、賃金台帳、扶養控除申告書、社会保険の届出書類、有給休暇の管理表、マイナンバーの管理表、銀行への振込依頼書…など、社員が在籍すれば必要な書類や給与の支払の事実を確認する書類は数多くあります。

　これらの書類が揃っていない従業員がいた場合、その従業員の勤務状況や住民税の課税状況を確認したり、その従業員との面談を依頼したりして徹底的に調査します。マイナンバーは正社員だけでなく、アルバイトなどの非正規雇用者からも収集する必要があります。マイナンバーの記載がない人の分は、架空だからマイナンバーを収集できないのではないか、と調査官は考え、何故記載がないのか説明を求めるでしょう。そのため、マイナンバーの提出を拒否した従業員については、提供を求めた経緯等を記録するなどしておくとよいでしょう。

2　役員給与

　役員に支給する給与は、定期同額であることなど一定の条件以外のものは損金として認められません。また、法人税法上の役員は会社法上の役員よりも範囲が広く、同族会社の役員の親族は役員として登記されていなくても、役員とみなされる場合があります。

　役員の親族への給与は勤務実態や職務内容などに照らして過大ではないか、給与は本人が管理しているかなどをチェックします。支給を受けているはずの本人に給与の認識がなかったり、給与の振込口座を役員が管理していたりする場合には、不正計算と認定され、その役員に対する給与とさ

れます。

　同族経営の場合、役員給与の額を期中に増減することにより、容易に利益調整ができるため、増減理由が客観的に見て適正なものか確認します。当期の目標利益が到達できないと試算されたため、利益確保のために減額した、といった理由では認められません。認められるのは、経営状況が著しく悪化したことなど、やむを得ず役員給与の額を減額せざるを得ないような場合です。そのため、客観的な状況としてどのような事情があったのかといったことを説明できるように、議事録などを整えておくことが肝要です。

給与明細一覧表			
A	B	C	D
支給額　250,000 … 住民税 △10,000 …	支給額　400,000 … 住民税 △15,000 …	支給額　200,000 … 住民税　　　　— …	支給額　300,000 … 住民税 △12,000 …

Cさんだけ住民税が天引きされていない。確か履歴書もなかった。給与支払報告書も提出していない…。どんな業務をしているのか確認してみよう。住民税の課税状況も確認してみるか…。

履歴書D

履歴書B

履歴書A

7 交際費は社内書類を隈なくチェック
〜支払先等に反面調査も〜

交際費

　法人が支出する交際費等には損金となる額に限度があるため、福利厚生費など他の科目に交際費等に該当するもの（他科目交際費）が紛れていたり、課税を免れるために仮装したりしていないかを調査官はチェックします。税法では損金の限度額だけでなく、交際費等の範囲についても一般的な交際費よりも広く規定しています。

1　損金にできる金額
　法人の期末資本金の額により損金算入額は次のとおり異なります。
・１億円以下の法人（資本金５億円以上の大法人による完全支配関係がある法人を除く）
　　次の①と②のいずれかを選択
　　①　年800万円までの額
　　②　接待飲食費の50％相当額（社内飲食費を除く）
・１億円超の法人（100億円超の法人を除く）
　　接待飲食費の50％相当額（社内飲食費を除く）
・100億円超の法人
　　全額損金不算入

2　交際費等の範囲
　交際費等とは、交際費、接待費、機密費その他の費用で、法人が、その得意先、仕入先その他事業に関係のある者等に対する接待、供応、慰安、贈答その他これらに類する行為のために支出するものです。事業に関係のある者等には、将来の取引先、社員、ＯＢ、株主等も含まれます。
　社内飲食費以外の一人当たり5,000円以下の飲食費は交際費等から除かれます。

》》調査官はココを見る！ ……………………………………………

調査では領収証、稟議書、契約書などから次のようなものがないか、チェックしていきます。

・接待のための交通費や一人当たり5,000円以下の社内飲食費を交際費等から除いていないか。

・一人当たり5,000円以下の飲食費となるよう人数の水増しや領収証の改ざんなどがないか。

・取引先と通謀して、交際費に該当しない内容のように契約書を仮装していないか。

・商品券の購入を交際費として計上し、その商品券を金券ショップで換金していないか。

・飲食店などから金額の記載のない領収証を入手し、自ら金額を記載していないか。

・役員の個人的な物品購入を取引先への贈答品に仮装していないか。

・役員の個人的な飲食代を計上していないか。

　社内にある書類だけでなく、時には支払先等に反面調査も行って確認します。

領収書　　Ｘ年2月19日
16,200円
飲食代として
　　　レストランＡＢＣ
　　　　　戸田市本町

領収書
¥64,800
品代として
ＸＹデパート

領収書
¥51,840
品代として
ＸＹデパート

戸田市本町って社長の自宅付近だ…。日曜日に、それも会社付近ではなく自宅付近で接待？　他にはデパートの有名な女性服のブランドの領収書が何枚もあって贈答品として計上されているけど、誰に何を贈答したのかな。社長に確認してからデパートに確認しようか…。

8　寄附取引に該当するものはないか確認
～経済的利益の贈与や無償供与も～

> ## 寄附金

　寄附金というと一般的には国や地方公共団体、公益法人などへ対する寄附を思い浮かべるかも知れません。しかし、法人税法では交際費と同様、もっと広く寄附金の範囲を規定しており、一部の寄附金については損金算入額に限度があります。企業にとっては寄附の認識がないものでも、税法上では寄附金に該当する場合があるため、調査官は取引の中に寄附金に該当するものがないか確認します。

1　損金算入限度額

　国や地方公共団体への寄附金と指定寄附金…全額が損金

　前記以外の寄附金…資本金等の額と所得の金額から損金算入限度額を算出

　ただし、国外関連者である外国法人と100％グループ法人への寄附金については全額損金不算入（寄附を受けた法人の受贈益は益金不算入）となります。

2　寄附金の範囲

　寄附金や拠出金などの一般的な寄附だけでなく、その支出の名義にかかわらず、法人が行う金銭その他の資産又は経済的な利益の贈与又は無償の供与も含まれます。また、時価より低い価額で資産の売買を行った場合（低廉譲渡）の、時価との差額のうち実質的に贈与と認められる部分も寄附金とされます。

≫調査官はココを見る！ ……………………………………

　領収証や寄附金証明書はもちろん、寄附の要請書、採納通知書、稟議書、請負契約書や社内会議資料なども見ながら、次のようなものがないかチェックしていきます。

・役員個人が負担すべきものがないか。

・寄附金を未払計上していないか。（寄附金は支払時に計上が原則）
・グループ法人へ無利息融資、債権放棄や無償の役務提供がないか。経営不振の子会社等に対する損失負担等の場合は合理的な再建計画に基づいたものか。
・グループ法人との取引に低廉譲渡、高価買入がないか。例えば、商品等の売買や業務委託などで、期末近くに単価を遡って訂正していないか。
　グループ法人内では黒字法人から赤字法人へ利益の移転をして利益調整をすることがあるため、グループ法人間取引については特にチェックします。契約書や請求書などを仮装していた場合は、もちろん重加算税の対象となります。

請求書　X1.2.28
Aサービス株式会社　御中
A株式会社

品名	数量	単価	金額
WX-01	3,000	1,200	3,600,000
WX-02	2,000	2,000	4,000,000

請求書　X1.3.31
Aサービス株式会社　御中
A株式会社

品名	数量	単価	金額
WX-01	10,00	500	5,000,000
WX-02	2,000	1,000	2,000,000

子会社との取引だけ2月までの単価と比べて期末だけ単価が違う。社長はB級品との話だったけど、数量も多いし本当かな…。子会社を支援しただけでは？　現場担当者と子会社に確認してみよう…。

9 償却開始時期の適否や資本的支出がないかチェック
〜不審点があれば施工業者に反面調査も〜

減価償却資産・修繕費等

　取得価額が10万円以上で使用可能期間が1年以上の減価償却資産は、原則として購入時に全額損金にすることができず、その耐用年数の期間にわたって分割して損金として計上（減価償却）します（青色申告の中小企業者等は30万円未満の少額減価償却資産について全額損金可能）。また、所有している減価償却資産の修理、改良等のために支出した金額のうち当該資産の価値を高め、又はその耐久性を増すこととなると認められる部分の金額は資本的支出となり、減価償却の方法により損金にすることになります。このため、調査官は消耗品費や修繕費などとして計上したもののうち、減価償却資産として計上すべきものがないかや、次の点が適正かなどについて見積書、請求書、請負契約書や稟議書などからチェックします。

▶▶調査官はココを見る！ ………………………………………………

1　取得価額
　固定資産の取得価額には、その資産の購入代価だけでなく、付随費用や事業の用に供するために直接要した費用が含まれます。これらの費用が取得価額に含まれているかを原始記録や、支払手数料、運送費などの勘定から検討します。
　また、少額減価償却資産として全額損金にするために、取引先に領収証の分割を依頼したりしていないか確認します。

2　耐用年数
　現物や請求書などから、適用している耐用年数が適正か検討します。

3　償却開始時期
　実際は決算後に事業の用に供しているにもかかわらず、年度末までに使用開始したとして減価償却費を計上していないか、現場担当者への聴き取りや作業日報などから確認します。

4 除却や売却した資産の処理

除却資産については廃棄したのであれば、いつ、どのように廃棄したのか、有姿除却の場合は事業の用に供する可能性がないかなどを確認します。

5 資本的支出の処理

修繕費として計上しているもののうち、資本的支出に該当するものがないか原始記録や現物を確認します。施工業者に依頼して、請求書の内容を修理にしたり、施工完了日を前倒しにしたりしている場合もあるため、不審な点があれば施工業者に反面調査を行います。

		請求書	
			X年3月30日
A株式会社 御中			
			株式会社B
品番	納品日	金額	
TM-5	X年3月25日	54,000,000円	

	業務日報	
	X年4月 ○山 太郎	
日付	業務内容	
4月1日	TM-5 試運転、調整	
4月7日	TM-5 試作品製造	

この機械、確かに納品は期末である3月までに終わっているけど、工場の担当者の日報では翌期に入ってからも試運転や調整をしているようだ…。
この機械で実際には製品をいつから製造したのか担当者に直接確認してみるか…。

10　消費税の課税取引か否かをチェック
～還付申告は特に重点的に調査～

　消費税の調査は通常は法人税や所得税と同時に行われます。消費税は「消費者が支払った税金の預かり」であることから、調査官は非常に細かく課税漏れを調査します。

1　消費税の課税対象

　消費税の課税対象は、国内において事業者が事業として対価を得て行う資産の譲渡等、特定仕入れ※及び外国貨物の引取りで、その内訳は次の通りです。

　①　非課税取引…課税の対象としてなじまないものや社会政策的配慮により、消費税を課税しない取引

　②　免税取引…輸出取引や、免税店が非居住者に行う免税対象物品の販売

　③　課税取引…消費税の課税対象のうち前記①及び②以外のもの

　なお、事業者以外が行う取引や、国外取引などは課税対象とはなりません（不課税取引）。

※　特定仕入れとは事業として他の者から受けた特定資産の譲渡等（国外事業者が行う、インターネット等を介して行われる役務の提供及び芸能・スポーツ等の役務の提供）をいいます。

2　消費税の納付税額の計算方法

　課税売上げに係る消費税から課税仕入れ等に係る消費税を控除して計算します。ただし、課税売上5億円超の法人や課税売上割合（課税期間中の非課税取引を含む総売上高のうち課税売上高の占める割合）が95％未満の法人については、控除する消費税額が制限されます。

　また、簡易課税制度を適用する事業者の控除する消費税額は、課税売上げに係る消費税に事業に応じた「みなし仕入率」を乗じて計算します。

▶▶調査官はココを見る！ ···

　消費税の取引区分の判定誤りなど、次のような点をチェックします。

・課税売上割合の計算で分母に含まれる非課税売上高に誤りがないか。例
　えば、非課税取引である社宅の従業員負担金等。

・雑収入の中に課税取引となるものがないか。

・課税仕入れとならない次のような取引を課税仕入れとしていないか。

　①　海外出張の国際便の運賃、宿泊費や日当

　②　香典、商品券の贈答

　③　クレジットカード手数料

・輸入取引の場合は輸入申告書の消費税の額を控除対象としているか。

・輸出許可が必要な取引の場合、輸出許可通知書があるか。

　新聞などで報道されていますが、課税取引を輸出免税取引のように仮装
したり、架空仕入を計上したりして多額の消費税を不正還付する事案が後
を絶ちません。還付申告の場合、不正還付ではないか、特に重点的に調査
します。少しでも不審な点があれば徹底的に調査します。

給与明細一覧表			
A		B	
支給額	250,000	支給額	320,000
︙		︙	
︙		家賃負担	△40,000

総勘定元帳
地代家賃

日付	相手科目	摘要	金額
10/31	当座預金	社宅家賃	80,000
10/31	諸口	家賃従業員負担額	−40,000

社宅家賃の従業員負担分が元帳上は地代家賃の減額となっていて、非課税売上に含まれてないな…。
社宅はＢさんだけでないし、課税売上割合がかなり減少して、納付する消費税額が増加しそうだ…。

税務調査は会計の健康診断
～悪魔の囁きには要注意!! ～

税務調査とは

　税務調査は、申告内容を帳簿などで確認し、申告内容に誤りが認められた場合や、申告する義務がありながら申告していなかったことが判明した場合に、是正を求めるものです。その税務調査の手続の透明性及び納税者の予見可能性を高めるために、調査手続に関する運用上の取扱いが法令上明確化されました。その一つが税務調査に先立って行われる事前通知です（ただし、一定の場合には、事前通知が行われないこともあります）。

1　事前通知とは

　事前通知は国税通則法に規定された調査手続で次の項目が通知されます。
- ①　質問検査等を行う実地の調査を行う旨
- ②　調査の開始日時
- ③　調査を行う場所
- ④　調査の目的
- ⑤　調査の対象税目
- ⑥　調査の対象期間
- ⑦　調査の対象となる帳簿書類その他の物件
- ⑧　調査の相手方である納税者の氏名及び住所又は居所
- ⑨　調査を行う職員の氏名、所属官署（複数の場合は代表者のみ）
- ⑩　②及び③の変更が可能である旨
- ⑪　④～⑦以外の事項についても非違が疑われることとなった場合は調査が可能である旨

2　調査通知とは

　事前通知とは別に調査通知があります。これは事前通知の前に行われるもので、納税者及び税務代理人の都合を聴取し、調査開始日時等を決定する際に行われるもので次の項目が通知されます。
- ①　実地の調査を行う旨

②　調査の対象税目

③　調査の対象期間

調査通知以後に修正申告書等を提出した場合、加算税が賦課されます。

3　税務調査で慌てないために

　税務調査をきっかけに従業員の横領が発覚することもありますし、経理上のミスも避けられません。税務調査はタダで受けられる会計の健康診断だと思ってはいかがでしょうか。

　同族経営の場合、役員の個人的な経費を法人の損金として計上（個人的経費の付けこみ）していることが少なくありません。調査官は年間数十件の調査を行っており、イレギュラーな取引は目に留まるものです。調査で指摘されれば、役員に対する臨時給与と認定され、法人税、消費税、源泉所得税の追徴だけでなく、加算税も賦課されます。さらに不正経理と認定された場合は、重加算税が課せられます。追徴税額に対しては延滞税も支払わなくてはなりません。安易に税金を安くしようとしたことが、結局は本来払わずに済む税金まで払うことになります。悪魔の囁きには耳を貸さないようにしましょう。

やっとこの事案も終了だ。
すべて指摘できたかな…。
次の事案も指摘もれがな
いように頑張るぞ!!

調査官はココを見る！

共通事項	・取引の発生から経理が記帳するまでの流れを①いつ②誰が③何を④どこで⑤なぜ⑥どのように（５Ｗ１Ｈ）、に基づいて確認。 ・書類は総勘定元帳の他、請求書、領収証などの証憑書類だけでなく、場合によってはメールやLINEの履歴なども確認。	
売上	・不特定の者との現金取引の場合	・現金出納帳の残高と現場の現金を照合。 ・現金残高が現場の現金と合わない場合は、どのように処理しているか。 ・領収証の発行やレジを打つのは誰か。 ・一日の売上の集計は誰が行っているか。 ・注文伝票に通し番号はあるか。また、通し番号で脱落しているものはないか。 ・予約はどのように管理されているか。また、予約のあった日時の売上が計上されているか。
	・特定の者との取引の場合	・誰が、どのような手段（FAX、メール、電話など）で受注するのか。 ・担当者の作業日報はどうなっているか。 ・卸売業などでは仕入れた商品がいつ売上に計上されているか。 ・売上割り戻しの算定基準に合理性があるか（交際費に該当しないか）。 ・締め後から期末までの売上が計上されているか。 ・固定資産を賃貸する際に支払を受けた敷金、保証金、権利金等のうち、返還しないことが確定している金額がある場合、収益に計上しているか。 ・工事台帳、作業日報、社内予定表などから売上の計上がない現場のものがないか。 ・期末までに引渡しが完了しているにもかかわらず、翌期の売上に計上されていないか。

共通	・領収証の控の枚数は冊子の枚数だけあるか。 ・役員からの借入金が多額にある場合、資金の出所を確認（売上金の還流がないか）。
仕入・棚卸	・期末に近い月の仕入と売上を対比して、期末棚卸高が適正に計上されているか。 ・預け在庫となっているものはないか。 ・製造業では、製造指図書などから材料仕入、製品及び仕掛品の流れを確認。 ・実地棚卸はいつ、誰がどのように行い、集計は誰が何を基に行ったか。 ・実際の在庫はどこに保管されているか。 ・付随費用も含めているか。 ・仕入先からの未着品はないか。 ・廃棄したものがある場合、その証拠資料はあるか。 ・人件費も仕掛品の金額計算に含めて計算しているか。
外注費	・雇用契約に該当する外注費はないか。 ・外注先からの見積書、請求書等の記載内容に相当する売上の計上はあるか。 ・請求書等に現場名のないものや、単発、利益率の著しく低い取引などはないか。
役員給与	・その役員の職務内容に照らし、過大ではないか。 ・役員に賞与を支給している場合、使用人兼務役員と認められない役員ではないか、名刺、会議の議事録などからチェック。 ・組織図、配席図などから職務内容を確認。
従業員給与	・タイムカード、賃金台帳、配席図、ロッカー、勤怠記録、扶養控除申告書、社会保険関係の届出書、マイナンバーの管理状況などを確認、架空の支払がないか。 ・決算賞与が未払計上されている場合、従業員への通知など計上の要件を満たしているか。
交際費	・一人当たり5,000円以下の社内飲食費を交際費に含めて限度額計算をしているか。 ・一人当たり5,000円以下となるよう、参加人数の水増しをしていないか。 ・飲食店から白紙の領収証を入手し、自ら金額を水増しして記入していないか。

	・役員の個人的な物品購入や飲食費を取引先への贈答や接待としていないか。 ・手土産を少額だからという理由で交際費から除外していないか。 ・会社主催のパーティーなどで出席者から祝い金を受けた場合に、その金額を支払金額と相殺するなどして、交際費の計算から除外していないか。 ・接待後のタクシー代が交際費の計算に含まれているか。 ・取引先の役員や従業員に対し、情報提供の謝礼として支払ったものが交際費として計上されているか。
減価償却費	・資産の購入対価以外の付随費用や事業供用のための直接費用を取得価額に含めているか、契約書、請求書等から確認。 ・修繕費の中に、資本的支出に該当するものがないか、見積書、注文請書、請求書などから確認。 ・期末近くの事業供用資産は、実際に期末までに事業に供しているか、納品書、請求書、作業日報、製造指図書などから確認。
貸倒損失	・債務者の財務状況からみて、本当に全額が回収の見込みがないか。ホームページ、会社の現地なども確認。 ・債務免除を行っている場合、相手先の債務超過状態が確認できる資料があるか。 ・破産開始だけで貸倒に計上していないか、通知書等により確認。 ・単発取引にもかかわらず、取引停止後1年経過したとして貸倒損失の計上をしていないか。
その他	・工場や店舗に設置された自動販売機の販売手数料を収益に計上しているか。 ・荷造運賃の中に、仕入又は資産の取得価額に含めるべき費用はないか、請求書等から確認。 ・作業くず、車両などを売却しているにもかかわらず、除却、廃棄したとして処理していないか、作成されるべき原始記録や請求書などから確認。 ・短期前払費用は支出後、1年以内にその提供を受ける役務に係るものが対象にもかかわらず、未払いのものはないか。 ・固定資産を賃借するために支払った敷金、保証金、権利金等のうち、返還されない金額が20万円以上のものは繰延資産と

	なるが、一時の損金として処理していないか。 ・社長の出身校など、個人的な寄附金を会社の寄附金として処理していないか。
消費税	・課税売上割合は正しく計算されているか。 ・従業員から徴収する社宅負担金について、地代家賃の減額として処理し、非課税売上の計算に含めずに処理していないか。 ・土地建物の譲渡又は譲受の際、未経過固定資産税相当額を対価の一部として適切に処理しているか。 ・軽減税率適用の仕入等が標準税率になっていないか。 ・クレジットカードの手数料が課税仕入れになっていないか。 ・ゴルフ場利用税や軽油引取税が課税仕入れになっていないか。 ・輸出売上については、輸出許可通知書など、輸出免税の要件を満たしているか。 ・有償支給材など、売上先への費用の支払額を売上金額と相殺して計上していないか。 ・海外送金手数料を課税仕入れにしていないか。
源泉所得税	・非居住者への支払について、源泉徴収が必要な取引はないか。また、租税条約の届出は提出されているか。 ・単身赴任者の盆、正月の帰省費用を給与として源泉所得税の対象に含めているか。 ・非課税として認められている金額以上の現物給与がないか。 ・現物支給したもののうち、非課税の範囲を超えるものはないか。 ・住宅借入金等特別控除の計算は正しく行われているか。 ・退職者の提出した退職所得の受給に関する申告書に記載されている内容に適応した退職所得の計算を行っているか。

第 **2** 章

所得税関係

事例1

給与所得者の特定支出控除について

　私は、この度、首都圏の旅行代理店Ａ社に就職することになりました。
　Ａ社では、来日する外国人のガイドを担当することになるのですが、
ガイドを担当する社員は、観光庁長官が実施する国家試験「全国通訳案
内士試験」に合格し通訳案内士の資格を取得しなければなりません。
　そのため、試験に合格するために、語学学校の授業料、個人レッスン
の料金など、自費で多額に支出することになります。
　Ａ社の人事担当者から、サラリーマンの資格取得のための支出は必要
経費になる制度があると聞きましたがどのような制度でしょうか。
　ご教示をお願いいたします。

回答

　あなたが資格取得を目指している通訳案内士の資格が職務の遂行に直接
必要なものである場合には、その資格取得のための支出は特定支出として
あなたの給与所得の金額の計算上、必要経費とすることができます。

解説

1　特定支出控除とは

　サラリーマンに特定支出がある場合には、給与所得の金額の計算に際し、
特定支出のうち一定額を給与所得控除額に加算し、必要経費として控除す
る制度があります。
　具体的には、特定支出の額が給与所得控除額の1/2に相当する金額を
超えるときは、その超える部分は特定支出控除として給与所得の金額の計
算上、必要経費とすることができます。

2　給与所得の金額とは

　給与所得の金額は、その年中の給与等の収入金額から給与所得控除額を
控除した残額となります。　　　　　　　　　　　　　　　　　　（所法28②）

3　特定支出がある場合の給与所得の金額

　居住者が、各年において特定支出をした場合には、<u>その年中の特定支出の額の合計額が給与所得控除額の１／２に相当する金額を超えるときはその超える部分が特定支出控除</u>となりますので、給与所得の金額は、次の金額となります。　　　　　　　　　　　　　　　　　　　　（所法57の２①）

特定支出がある場合の給与所得の金額

①給与等の収入金額	
－	②給与所得控除額
－	③特定支出の控除額　（特定支出の額の合計額　－（給与所得控除額）×１／２)
＝	④給与所得の金額（①－②－③）

4　特定支出とは

　特定支出とは次の①～⑦の支出をいいます。　　　　（所法57の２②）

①　通勤費	……通勤のために必要な支出で、その通勤の経路及び方法が最も経済的かつ合理的であることにつき<u>給与等の支払者により証明がされたもの</u>のうち、一般の通勤者として通常必要であると認められる支出
②　職務上の旅費	…勤務をする場所を離れて職務を遂行するために直接必要な旅行であることにつき、<u>給与等の支払者により証明がされたもの</u>に通常必要な支出 **（H30年度改正により追加）**

③　転居費 ……転任に伴うものであることにつき<u>給与等の支払者により証明がされた転居</u>のために通常必要であると認められる支出

④　研修費 ……職務の遂行に直接必要な技術又は知識を習得することを目的とする研修であることにつき<u>給与等の支払者により証明がされたもの</u>の支出

⑤　資格取得費 ……人の資格を取得するための支出で、その支出がその者の職務の遂行に直接必要なものとして<u>給与等の支払者により証明がされたもの</u>の支出

⑥　帰宅旅費 ……転任に伴い生計を一にする配偶者との別居を常況とすることとなった場合などにつき<u>給与等の支払者により証明がされた場合</u>のその者の勤務地又は居所と自宅の間の旅行のために通常必要とする支出

（H30年度改正により月4回の回数撤廃）

⑦　勤務必要経費 …次に掲げる支出で職務の遂行に直接必要なものとして<u>給与等の支払者により証明がされたもの</u>

①　書籍、定期刊行物その他の図書で職務に関連するもの及び制服、事務服その他の勤務場所において着用することが必要とされる衣服を購入するための支出

②　交際費等で給与等の支払者の得意先、仕入先その他の職務上関係のある者に対する接待、供応、贈答等のための支出

5　特定支出控除のポイント

(1)　特定支出からは、次の部分は除きます。

イ　その支出につき給与等の支払者により補てんされる部分で、かつ、

補てんされる部分につき**所得税が課税されない部分**

- □　その支出につき雇用保険法に規定する教育訓練給付金、母子及び父子並びに寡婦福祉法に規定する母子家庭自立支援教育訓練給付金又は父子家庭自立支援教育訓練給付金が支給される部分

(2)　支出及び内容につき給与等の**支払者の証明**が必要です。

(3)　特定支出控除を行うには**確定申告**が必要となります。

(4)　特定支出に関する明細書及び給与等の**支払者の証明書を申告書に添付**しなければなりません。

(5)　搭乗、乗車及び乗船に関する証明書並びに支出した金額を証明する書類を申告書に添付又は提示しなければなりません。

6　特定支出控除額の計算事例

> **（特定支出控除額の計算事例）**
>
> 特定支出控除額　＝　（給与所得控除額×1／2）を超える部分
>
> ［計算例］
>
> ①　特定支出の合計額　　　　1,500,000円
>
> ②　給与収入金額　　　　　　8,000,000円
>
> ③　給与所得控除額　　　　　2,000,000円
>
> ④　特定支出控除額
>
> 　　（1,500,000円－（2,000,000円×1／2）＝500,000円

7　ご質問の場合

あなたが資格取得を目指している通訳案内士の資格が職務の遂行に直接必要なものである場合には、その資格取得のための支出は特定支出としてあなたの給与所得の金額の計算上、必要経費とすることができます。

ご質問の場合は、観光庁長官が実施する国家試験「全国通訳案内士試験」に合格し、通訳案内士の資格を取得しなければならないとのことですので、その資格は職務の遂行に直接必要なものと認められます。

また、試験に合格するための語学学校の授業料、個人レッスンの料金などがあなたの職務の遂行に直接必要なものとして勤務先により証明された

場合には、その支出は、特定支出（人の資格を取得するための費用）に該当します。

　なお、資格の取得が職務の遂行に直接必要なものであることの証明は、次の依頼書と証明書により行います。

「証明の依頼書と証明書」

令和　　　年分　　特定支出（資格取得費）に関する証明の依頼書

私の次の資格の取得が職務の遂行に直接必要なものであること等を証明してください。

フリガナ 氏　　名	㊞	住　　所 （又は居所）	
資 格 の 名 称			
給与等の支払者により補填される部分につき所得税が課されない部分の金額			円
備　　　考			

◎下の証明書は、切り離さないでください。

令和　　　年分　　特定支出（資格取得費）に関する証明書

　上記の者の上記の資格の取得が職務の遂行に直接必要なものであること等を証明します。

令和　　　年　　月　　日

（給与等の支払者）

　　所 在 地 _____

　　名　　称 _____ ㊞

特定支出控除の適用がある場合には、控除すべきか支出であるかに関し次の検討が行われます。

(1)　給与等の支払者により補てんされる部分で、かつ、補てんされる部分につき所得税が課税されない部分がないか

(2)　支出と内容につき給与等の支払者の証明があるか

(3)　搭乗、乗車及び乗船に関する証明書並びに支出した金額を証明する書類があるか

事例2

ふるさと納税の返礼品の課税関係について

来年の確定申告において、ふるさと納税を200万円程度行う予定です。
ふるさと納税の返礼品には、所得税が課税されると聞いております。

返礼品の値段は、こちらではわかりません。

どのようにして課税所得を算定するのでしょうか。教えてください。

回答

ふるさと納税の返礼品は一時所得に該当します。

また、返礼品の価格は寄附をする自治体に確認し、算定することになります。

解説

1　一時所得とは

一時所得とは、一時に受ける収入のうち、臨時、偶発的なもの。ただし、次の性質を有するものは除きます。

＊除外するもの　⇨　営利を目的とする継続的な行為から生じるもの

　　　　　　　　⇨　役務の対価又は資産の譲渡の対価の性質を有するもの

2　一時所得の算定方法

その収入にヒモつきで支出したもの

一時所得＝（総収入金額－その収入を得るために支出した金額）

　　　　　　　　　－特別控除額（最高50万円）

（一時所得の具体例）

懸賞、クイズの賞金、競馬・競輪の払戻金、生命保険等の満期保険、取得物の報労金等、**ふるさと納税の返礼品**　　（所法34、所基通34-1）

「ふるさと納税」の返礼品の課税関係

　地方公共団体（市町村）は法人と取り扱われることから、ふるさと納税の返礼品は法人からの贈与となりますので、一時所得として課税の対象となります。

　したがって、ふるさと納税の返礼品の価額が特別控除額の50万円を超える場合には、その超える部分は一時所得として課税対象となります。

（所法34、所基通34−1⑸）

[計算事例]

　……ふるさと納税額が200万円で60万円（返礼率30％）の返礼品を受領した場合には、一時所得は10万円となります……

　一時所得＝

　60万円（返礼品の価額）−50万円（特別控除額）＝10万円

　＊　返礼品は贈与により取得したものですので、その収入を得るために支出した金額はゼロとして計算します。

調査官はココを見る！

　ふるさと納税が行われている場合には、返礼品について一時所得として申告が行われているかについて検討が行われます。

　したがって、返礼品については、評価を行い、一時所得の対象となるか検討する必要があります。

事例 3

個人事業から法人成りの際の税務処理について

　私は、建設機械の販売を営む個人事業者です。

　この度、法人を設立し、個人所有の土地と棚卸資産である建設機械をその法人に譲渡しようと思います。

　土地と棚卸資産の譲渡に際し、税務上留意すべき事項について、ご教示お願いいたします。

回答

　土地については、時価の 2 分の 1 以上で譲渡する必要があります。

　また、棚卸資産（建設機械）については、通常の販売価額の70％以上で譲渡する必要があります。

解説

1　個人が法人に土地を譲渡する場合

　個人が法人に土地を譲渡する場合には、所得区分は譲渡所得となります。

　この場合には、土地の譲渡に際し、時価の 2 分の 1 未満で譲渡した場合には、時価で譲渡したとみなされ課税されることになります。　（所令169）

【税務上の取扱い（イメージ）】

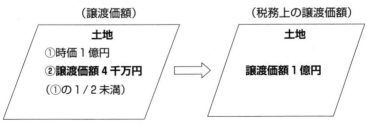

　したがって、ご質問の土地を法人に譲渡する場合には、時価の 2 分の 1 以上で譲渡する必要があります。

2　個人が法人に棚卸資産を譲渡する場合

　個人が法人に棚卸資産（建設機械）を譲渡する場合には、所得区分は事業所得となります。

　個人が建設機械を著しく低い価額で譲渡した場合には、その建設機械の通常の販売価額とその譲渡の対価との差額のうち実質的に贈与をしたと認められる金額は、事業所得の総収入金額に算入され課税されることになります。
（所法40①二）

　「著しく低い価額」とは、その棚卸資産の通常の販売価額の70％未満をいいます。
（所基通40-2）

　「実質的に贈与をしたと認められる金額」とは、通常の販売価額の70％に相当する金額から棚卸資産の販売価額を控除した金額として差し支えないとされています。
（所基通40-3）

税務上の取扱い（イメージ）

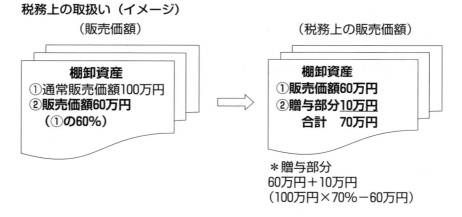

調査官はココを見る！

　個人が法人成りした場合には、次の事項について確認が行われます。
(1)　個人が法人に土地を譲渡する場合には、所得区分は譲渡所得となり、土地の譲渡に際し、時価の2分の1未満で譲渡されていないか
(2)　個人が法人に棚卸資産を譲渡した場合には、著しく低い価額（通常の販売価額の70％未満）で譲渡されていないか

レクチャー
所得区分について

Q 事業所得、一時所得、雑所得の所得区分と事例があれば、併せてご教示をお願いいたします。

回答

1　所得の種類と所得金額の算定方法

　所得税法上の課税となる所得は次の①～⑩の所得に分類されます。

　実務上は課税対象となる所得の区分を行うことになりますが、特に、事業所得、一時所得、雑所得の所得の区分に迷う場合があります。

所得の種類		所得金額の算定方法
①	利子所得	所得金額＝利子収入
②	配当所得	所得金額＝配当金額－その元本を取得するために要した負債の利子
③	不動産所得	所得金額＝総収入金額－必要経費
④	事業所得	所得金額＝総収入金額－必要経費
⑤	給与所得	所得金額＝収入金額－給与所得控除額
⑥	退職所得	所得金額＝（収入金額－退職所得控除額）×１／２
⑦	譲渡所得	所得金額＝総収入金額－（取得費＋譲渡費用）－特別控除
⑧	山林所得	所得金額＝（総収入金額－必要経費）事業－特別控除
⑨	一時所得	所得金額＝総収入金額－その収入を得るために支出した金額－特別控除額
⑩	雑所得	$$雑所得＝\frac{（公的年金等の収入金額－公的年金控除）}{＋}\\（公的年金等以外の総収入金額－必要経費）$$

2 事業所得、一時所得、雑所得の区分について

事業所得とは

＊対価を得て継続的に行うもの
＊社会通念上事業と認められるもの
＊自己の危険と計算において行うもの
＊営利性・有償性を有するもの
＊反復継続して行うもの

一時所得とは

　上記の1の所得の種類①〜⑧以外の一時的な所得で、<u>一時に受ける</u>
<u>収入のうち、臨時、偶発的なもの</u>。ただし、次の性質を有するものは
除きます。
＊除外するもの⇨営利を目的とする継続的な行為から生じるもの
　　　　　　　⇨役務の対価又は資産の譲渡の対価の性質を有するも
　　　　　　　　の

（一時所得の算定方法）
一時所得＝（総収入金額−<u>その収入を得るために支出した金額</u>）

> その収入にヒモつきで
> 支出したもの

　　　　　−特別控除額（最高50万円）

> ### （一時所得の具体例）
> 　懸賞、クイズの賞金・競馬、競輪の払戻金・生命保険等の満期保
> 険・取得物の報労金等、ふるさと納税の返礼品
> 　　　　　　　　　　　　　　　　　　　　（所法34、所基通34−1）

雑所得とは

　上記1の所得の種類の①〜⑨のいずれにも該当しないもの

（雑所得の算定方法）

> 収入に結びつかなくても
> 必要とした経費の全て

雑所得＝（総収入金額−必要経費）

（雑所得の具体例）

　公的年金等、学校債等の利子、公社債の償還差益又は発行差金、人格のない社団・財団からの収益の分配金、郵便年金、生命保険年金、著述業等以外の者の原稿料及び講演料、採石権利・鉱業権の使用料、特許権等の使用料、非営業の貸金の利子等、競馬の払戻金

（所法35②、所基通35-1、2）

3　所得区分の判定事例（給与所得、一時所得、雑所得）

所得区分の判定事例（その1）

○　町が町内の私立保育所に勤務する保育士等に対して支給する助成金の所得区分

質問

　A町は、子供・子育て支援法に規定する保育所のうち町内に所在する私立保育所に勤務する保育士、保育教諭及びその他の職員（以下「保育士等」といいます。）に対し、保育人材の確保、定着及び離職防止を目的として、保育士等が毎年3月1日に対象保育所に在籍し、一定の要件のもと継続して勤務している時に、補助金を支給する制度（年額3万円・3年間支給）を設けています。

　この場合に保育士等に支給される補助金の所得区分はどうなりますか。

　　1　支給者………A町（地方公共団体）
　　2　受給者………私立保育園に勤務する保育士等
　　3　支給目的……人材の確保・定着及び離職防止
　　4　支給額………年額3万円（3年間支給）
　　　　　　　　　　助成金交付

【助成金支給のイメージ】

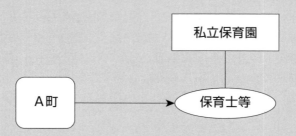

回答

次の所得区分のポイントから本事例の所得区分は雑所得となります。

1　所得区分のポイント

① 給与所得……雇用契約の有無により判断

② 一時所得……一時に受ける収入のうち臨時、偶発的なもの

③ 雑所得………利子、配当、不動産、事業、給与、譲渡、山林及び一時所得のいずれにも該当しないもの

2　本事例の所得区分

● A町と保育士等の間には雇用関係はない（給与所得に該当しない）。

● 一時の所得ではなく３年間にわたって支給される（一時所得に該当しない）。

（参考：「国税庁・文書回答事例」）

所得区分の判定事例（その２）

○ **裁判所が裁判員等（一般市民）に支給する旅費、日当及び宿泊費の所得区分**

質問

裁判所から呼出しを受けた裁判員候補者及び選任予定裁判員は、裁判員等選任手続きの期日に出頭しなければならないとされています。

　この呼出しに応じて出頭した裁判員候補者及び選任予定裁判員には、裁判員の参加する刑事裁判に関する規則に定めるところにより、旅費、日当及び宿泊料（以下「旅費等」といいます。）を支給することになります。

　また、同様に、裁判員及び補充裁判員についても旅費等を支給します。この場合に、裁判員及び補充裁判員並びに裁判員等選任手続きの期日に出頭した裁判員候補者及び選任予定裁判員（以下「裁判員等」といいます。）に対して支給される旅費等の所得区分はどうなりますか。

1　支給者………裁判所
2　受給者………裁判員等（一般市民）
3　支給目的……裁判員等の義務履行に伴う損失の補てん
　　　　　　　　◎旅費及び宿泊費（実費弁償分の補てん）
　　　　　　　　◎日当（積極的な損失と消極的な損失の補てん）

> ※積極的な損失（出頭に要した費用）
> ※消極的な損失（出頭しなければ得られたであろう利益）

【旅費等支給のイメージ】

裁判所　→　旅費等支給　→　裁判員　補充裁判員　裁判員候補者　選任予定裁判員

回答

　次の所得区分のポイントから本事例の所得区分は雑所得となります。

1　所得区分のポイント

①　給与所得……雇用契約の有無により判断

② 一時所得……一時に受ける収入のうち臨時、偶発的なもの

③ 雑所得………利子、配当、不動産、事業、給与、譲渡、山林及び一時所得のいずれにも該当しないもの

2 本事例の所得区分

● 裁判所と裁判員等の間には雇用関係はなく、裁判員等は独立してその職権を行い、裁判所の指揮命令に服さない（給与所得に該当しない）。

● 旅費等は実費弁償的なものである（一時所得に該当しない）。

（参考：「国税庁・文書回答事例」）

所得区分の判定事例（その3）

○ 地方自治体が就職チャレンジ支援事業で支給する奨励金の所得区分

質問

当自治体では、就職チャレンジ支援事業を実施しています。

本支援事業は、正社員への就職にチャレンジする意欲と可能性を持つ者に対して、職業訓練を受講する機会を提供するとともに、より安定した就業を支援し、その者が職業的・経済的に自立することを目的としています。

本支援事業は、職業訓練中の生活費として「受講奨励金」を訓練生に対し支給しますが、この「受講奨励金」の所得区分はどうなりますか。

1 支給者………地方自治体

2 受給者………正社員への就職を目指す者で職業訓練を受ける者

3 支給目的……職業訓練中の生活費として支給（最長6か月支給）

4 支給額………月額15万円程度

【奨励金支給のイメージ】

地方自治体 —— 奨励金支給 —→ 正社員を目指す者

回答

　次の所得区分のポイントから本事例の所得区分は雑所得となります。

1　所得区分のポイント

①　給与所得……雇用契約の有無により判断

②　一時所得……一時に受ける収入のうち臨時、偶発的なもの

③　雑所得………利子、配当、不動産、事業、給与、譲渡、山林及び一時所得のいずれにも該当しないもの

2　本事例の所得区分

●　地方自治体と正社員を目指す者との間には雇用関係はない（給与所得に該当しない）。

●　奨励金は最長6か月継続的に支給される（一時所得に該当しない）。

（参考：「国税庁・文書回答事例」）

第 **3** 章

源泉所得税関係

事例 1

「納期の特例」を取りやめる場合の納付期限

> 当社は従業員が10人未満の会社ですが、今般、事業拡張のために 8 月に支店を開設することになりました。
> これまでは、納期の特例により、年 2 回（ 7 月10日と 1 月20日）の納付でしたが、これからは、従業員が10人を超え納期の特例の条件を満たさないことになると思います。今後は、どのような手続きが必要となるのでしょうか。

回答

　支給人員が10人を超えることになりますので、納期の特例を受けることはできませんので、**「源泉所得税の納期の特例の要件に該当しなくなったことの届出書」**を給与支払事務所を所轄する税務署長へ提出しなければなりません。

解説

1　「源泉所得税の納期の特例の要件に該当しなくなったことの届出書」の提出

　納期の特例の承認を受けた者は、その承認に係る事務所等において給与等の支払を受ける者が常時10人未満でなくなった場合には、遅滞なく、その旨をその事務所等の所在地の所轄税務署に提出しなければなりません。

(所法218)

2　「源泉所得税の納期の特例の要件に該当しなくなったことの届出書」の提出後の納付期限

　上記 1 の届出書提出後の納期限は次のようになります。　　(所法219)

設例

　　　　［令和 2 年 9 月に提出した場合］

① 支払期間（令和２年７～８月分）…納付期限（10月10日）
② 支払期間（令和２年９月分）………納付期限（10月10日）
③ 支払期間（令和２年10月以降）……納付期限（翌月10日）

源泉所得税の納期の特例の要件に該当しなくなったことの届出書

税務署受付印		※整理番号	

	住 所 又 は 本 店 の 所 在 地	〒
		電話　　　－　　　－
令和　　年　　月　　日	（フリガナ）	
	氏 名 又 は 名 称	
	法 人 番 号	※個人の方は個人番号の記載は不要です。
税務署長殿	（フリガナ）	
	代 表 者 氏 名	

次の給与支払事務所等につき、所得税法第218条の規定により、次のとおり届け出ます。

給与支払事務所等に関する事項	給与支払事務所等の所在地 ※　提出者の住所（居所）又は本店（主たる事務所）の所在地と給与支払事務所等の所在地とが異なる場合に記載してください。	〒
		電話　　　－　　　－
	この届出書を提出する日における給与等の支給人員 〔外書は、臨時雇用者に係るもの〕	人　　〔外　　　　　　人〕
	給与等の支払を受ける者の数が、常時10人未満でなくなった理由等	

税 理 士 署 名	

※税務署処理欄	起案 ・ ・	署長	副署長	統括官	担当者	部門	決算期	業種番号	番号	入力	名簿	通信日付印	確認
	決裁 ・ ・											年　月　日	

03.06 改正

調査官はココを見る！

「納期の特例」を取りやめた場合には納付期限に注意する必要があります。令和2年9月に提出した場合には、納期限が次のようになります。

① 　支払期間（令和2年7～8月分）…納付期限（10月10日）

② 　支払期間（令和2年9月分）………納付期限（10月10日）

③ 　支払期間（令和2年10月以降）……納付期限（翌月10日）

役員に住宅等を提供する場合の家賃の計算

> 　当社は、海外のＳ社との業務提携に伴い、同社から役員としてＡ氏を招くことになり、Ａ氏には、住宅と家具を提供することになりました。
> 　当社は外車の輸入商社ですので海外の取引先との、会議・打合せやパーティーで、Ａ氏に提供する住宅の一部を業務用に使用します。
> 　住宅の広さは250平方メートル、月額家賃100万円、家具はリース会社から月額10万円で調達する予定です。
> 　税務上の取扱いで留意すべき事項について教えてください。

回答

1　Ａ氏に提供する住宅の広さが240平方メートルを超えていますので、豪華社宅に該当するか検討する必要があります。
2　住宅の一部を業務用で使用するとのことですので、業務用に使用していることを証明するための記録等を適正に管理することが重要です。
3　家具については、別途、リース料相当額10万円をＡ氏から徴収する必要があります。

解説

1　豪華社宅の検討

　Ａ氏に提供する住宅が豪華社宅に該当する場合には、Ａ氏から家賃の時価相当額（100万円）を徴収する必要があります。

　役員に提供されている住宅のうち社会通念上一般に貸与されていると認められない住宅、いわゆる豪華社宅であるか否かは、その住宅の床面積だけではなく次の項目についても検討し判断することになります。

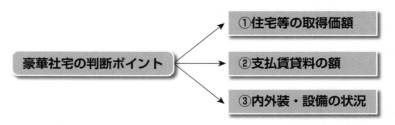

　ご質問の住宅については、上記①〜③のポイントを検討し、豪華社宅に該当するか判断することになります。

　家屋の床面積が240平方メートル以下であっても、一般に貸与されている住宅等に設置されていないプールのような設備、又は役員個人の嗜好等を著しく反映した設備等を有する住宅は豪華社宅に該当し家賃を時価で評価することになります。

　また、家屋の床面積が240平方メートルを超えているからといって、常に、豪華社宅に該当し、家賃を時価で評価することにはなりません。

2　住宅の提供に伴う賃貸料の評価額

　役員に対し、借上社宅を提供している場合の役員から徴収すべき家賃の額は、家屋の床面積が132平方メートルを超える場合には、一般的には支払家賃の50%となります。

> **通常の賃貸料　1,000,000円（支払家賃）×50%＝500,000円**

　また、その住宅について公的使用部分がある場合には、役員から徴収すべき家賃については、さらに、その70%以上となっています。

　ご質問の場合には、35万円が徴収すべき家賃となります。

> **公的部分がある場合の通常の賃貸料**
> **500,000円（通常の賃貸料）×70%＝350,000円**

（所基通36-40、36-43）

（注）　住宅の一部を業務用で使用するとのことですので、業務用に使用していることを証明するための記録等により適正に管理することが重要です。

3 家具の提供に伴う賃貸料の評価額

　家具をリース会社から借りて提供した場合の賃貸料の評価額は、時価で評価することになりますので、リース料相当額10万円を賃貸料とします。

（所基通36-15）

　役員に対し、社宅の貸与が行われている場合には、経済的利益の供与がないか次の事実認定が行われます。

　(1)　提供する社宅は自社保有の物件か賃借物件か

　(2)　賃借物件の場合には賃借料の50％以上を役員から徴収しているか

　(3)　役員社宅に業務用の部分がある場合には、業務に使用している事実を証明する資料があるか

事例3

交通費（実費）以外に支給される旅費

　当社は、近隣の支店の事業拡大のために、本社から臨時に、社員を数名派遣する予定です。

　これらの社員については、自宅から支店までの往復交通費（実費）を支給し、宿泊する場合については当社の社宅を無料で提供します。

　また、往復交通費（実費）とは別に、支店での勤務状況を考慮し、社員に対しさらに、旅費名目で毎月50,000円支給する予定ですが、この旅費は非課税となる旅費に該当するのでしょうか。

回答

　社員に対し支給する毎月50,000円の旅費は非課税の旅費に該当しませんので、社員の給与として課税となります。

解説

　非課税となる旅費については、所得税法9条第1項第4号によりますと、次に掲げる旅行に必要な支出に充てるため支給される金品でその旅行について通常必要と認められるものについては、非課税となります。

①　勤務する場所を離れて職務を遂行するために行う旅行

②　転任に伴う転居のために行う旅行

③　就職や退職した人の転居又は死亡により退職した人の遺族が転居のために行う旅行

　ご質問の場合は、自宅から支店までの往復旅費の支給と社宅が無償で提供されていますので、職務を遂行するための必要な費用は補てんされていることになります。

　したがって、毎月、旅費名目で支給される50,000円は支店での勤務の対価であり、非課税となる旅費に該当しませんので給与として課税となります。

（所法9①四）

　社員に対し、正規の通勤手当以外の通勤費名目の支出については給与に該当しますので注意が必要です。

事例4

会社が負担した海外研修旅行費用

当社は、社員の見聞を広めるために海外研修制度があります。

対象者は、勤続10年以上の社員の中から、営業成績が優秀な者を対象として社長が選抜し決定しています。

海外研修を実施するに際しては、旅行斡旋会社が企画する旅行に参加させております。

帰国後は、旅行先の感想文を提出させております。

旅行先は、直接、当社の業務と関係はないのですが、海外で見聞を広め、今後の活躍を期待するものです。

海外研修旅行費用は給与として課税となるのでしょうか。

回答

海外渡航は営業成績優秀者を対象とし、使用人の見聞を広めるための旅行とのことであり、業務に直接必要な海外研修費用とは認められませんので給与として課税します。

解説

使用人の海外渡航費用については、その海外渡航が事業を営む者の事業の遂行上直接必要であり、かつ、渡航のために通常必要と認められる部分の金額に限り、旅費として認めています。

これは、その海外渡航が使用者の業務上直接必要であり、渡航に必要な費用は旅費として認め、使用人の給与とはしないというものです。

ご質問の場合には、海外渡航は営業成績優秀者を対象とし、使用人の見聞を広めるための旅行とのことであり、貴社の業務と直接関係ないものですので給与として課税となります。

(所基通37-17)

　会社が社員の海外研修旅行の費用を支出している場合には、次の書類等を検討し、給与に該当するか否かの検討が行われます。

(1) 稟議書による研修旅行対象者の選考経緯の検討　➡　慰労目的の有無

(2) 研修旅行の日程の検討　➡　観光目的の日程の有無

(3) 研修旅行経費の検討　➡　個人的経費の負担の有無

(4) 研修報告書の検討　➡　会社業務との関連性の有無

レクチャー①
人格なき社団と源泉徴収

Q 当市は、今年から、市民音楽祭を開催する予定です。

開催の際には、大学のジャズサークルに演奏をお願いする予定ですが、演奏料を支払う際に源泉徴収が必要でしょうか。

回答

ジャズサークルが定款、規約又は日常の活動状況からみて個人の単なる集合体ではなく、団体として活動しているのであれば、人格なき社団等で内国法人として取り扱われますので源泉徴収の必要はありません。個人の活動である場合は、所得税法204条第1項第5号の報酬・料金として源泉徴収する必要があります。

解説

報酬・料金等の支払を受けるジャズサークルが、内国法人（人格なき社団等）である場合には、ジャズサークルに支払われる演奏料は源泉徴収の対象とはなりません。

ご質問の大学のジャズサークルが次のいずれかに掲げるような事実を挙げて人格なき社団等であることを立証した場合には、内国法人となりますので、源泉徴収する必要はありません。

立証しない場合は、所得税法204条第1項第5号の報酬・料金として源泉徴収します。

ジャズサークルが立証すべき事実

(1) 法人税を納付する義務があること
(2) 定款、規約又は日常の活動状況からみて個人の単なる集合体ではなく団体として独立して存在していること

（所法204、所基通204-1）

Q 上記の質問の回答では、支払先が法人（人格なき社団等）かの判断に際しては、次の(1)又は(2)を確認し、どちらかに該当すれば法人（人格なき社団等）として取り扱うとのことですが、具体的にはどのような書類で、何をどのように確認すればよいのでしょうか。

(1) 法人税を納付する義務があること
(2) 定款、規約又は日常の活動状況からみて個人の単なる集合体ではなく団体として独立して存在していること

回答

法人税確定申告書、収益事業開始届出書等により確認する方法が考えられます。

解説

1 法人税を納付する義務があることの確認

法人税を納付する義務があることを次の申告書等で確認する方法が考えられます。

(1) 法人税確定申告書

人格なき社団等は、収益事業について法人税の納税義務があることから、法人税確定申告書の控（税務署の収受印があるもの）の提示を受けて法人税を納付する義務があることを確認する。

(2) 収益事業開始届出書

人格なき社団等が収益事業を行う場合は、収益事業開始届出書を税務署に提出することとされていることから、法人税の申告をしていない場合は、収益事業開始届出書の控（税務署の収受印があるもの）の提示を受けて法人税を納付する義務があることを確認する。

2　定款、規約又は日常の活動状況からみて個人の単なる集合体ではなく団体として独立して存在していることの確認

　具体的には、定款、規約等の提示を受けて、団体として独立して存在していることと次の要件を確認する。

(1)　団体としての組織を備えていること。

(2)　多数決の原則が行われていること。

(3)　構成員の変更にかかわらず団体そのものが存在していること。

(4)　総会の運営、財産の管理その他団体としての主要な点が確定していること。

事例5

永年勤続者に支給するギフト旅行券

　当社は、永年勤続者の慰労のために、10年以上勤務している従業員に対し、次の要領で、旅行券を支給することになりましたが、給与として課税となるのでしょうか。

(1)　支給対象者と金額

　　　（支給対象者）　　　　　（支給金額）

　　　勤続年数10年の社員　　　　50,000円

　　　勤続年数20年の社員　　　　100,000円

　　　勤続年数30年の社員　　　　200,000円

(2)　旅行券の使用は旅行のみとし物品の購入等をしてはいけない

(3)　旅行は支給から１年以内に実施する（実施しない場合は返還）

(4)　旅行時には申請により特別休暇を与える

(5)　旅行実施後は報告書（旅行者、日程等）を提出する

回答

　旅行券の支給日から１年以内に旅行が行われること、旅行後に旅行の実施状況を証明する資料の提出を受けること、また、旅行券支給後、１年以内に使用されない場合は旅行券の返還を受けることなどの非課税の要件を満たしていますので、課税となりません。

解説

　会社から永年勤続の対象となる社員に対し旅行券が支給された場合には、次の(1)と(2)の要件を満たせば、非課税となります。

(1)　使用者が永年勤続した役員又は使用人の表彰に当たり、その記念品として旅行、観劇等に招待し、又は記念品（現物に代えて支給する金銭は含まない。）を支給することにより当該役員又は使用人が受ける利益で、次の要件を満たしていること。　　　　　　　　　（所基通36-21）

> ①　当該利益の額が、当該役員又は使用人の勤続期間等に照らし、社会通念上相当と認められる。

> ②　当該表彰がおおむね10年以上の勤続年数の者を対象とし、かつ、2回以上表彰を受ける者については、おおむね5年以上の間隔をおいて行われるものである。

(2)　旅行券については、一般的に、換金が自由であり、また、有効期限もないことから、支給の時点において給与として課税となるが、ただし、旅行に関し次の要件を満たしていること。

(個別通達昭60直法6-4)

> ①　旅行の実施は、旅行券の支給後1年以内であること。

> ②　旅行の範囲は、支給した旅行券の額からみて相当なもの（海外旅行を含む）であること。

> ③　旅行券の支給を受けた者が当該旅行券を使用して旅行を実施した場合には、所定の報告書に必要事項（旅行実施者の所属、氏名、旅行日、旅行先、旅行社等への支払額等）を記載し、これに旅行先等を確認できる資料を添付して提出すること。

> ④　旅行券の支給を受けた者が当該旅行券の支給後1年以内に旅行券の全部又は一部を使用しなかった場合には、当該使用しなかった旅行券を支給者に返還する。

　ご質問の場合は、永年勤続の慰労のための旅行券の支給対象者は10年以上勤務した者であり、表彰も5年以上の間隔をおいて行われていますので所得税基本通達36-21の要件を満たしています。

　また、旅行券の支給についても個別通達の次の要件を満たしていますので非課税となります。

①　旅行の実施は、旅行券の支給後1年以内に行う。

②　旅行を実施した場合には、旅行の実施状況（旅行者、旅行日、旅行

先等）を、関係する資料を添付し会社に報告する。

③　支給された旅行券を支給後１年以内に使用しなかった場合は、会社に返還する。　　　　　　　　　（所基通36-21、個別通達昭60直法６－４）

　社員の永年表彰に際し、旅行券を支給している場合には、その旅行券が非課税の要件を満たしているか、次の要件について検討が行われます。

(1)　旅行券の使用は旅行のみとしているか

(2)　物品の購入等を認めているか

(3)　旅行券の使用者は、社員に限定しているか

(4)　旅行は支給から１年以内に実施されているか

(5)　旅行を実施しない場合は返還させているか

(6)　旅行時には申請により特別休暇を与えているか

(7)　旅行実施後は報告書（旅行者、日程等）を提出しているか

(8)　旅行費用の証拠書類（請求書、領収証等）を提出させているか

《個別通達》

直法 6 - 4

昭和60年 2 月21日

国税局長殿
沖縄国税事務所長　殿

国税庁長官

永年勤続記念旅行券の支給に伴う課税上の取扱いについて

　標題のことについて、日本放送協会から別紙 2 のとおり照会があり、これに対して当庁直税部長名をもって別紙 1 により回答したから了知されたい。

別紙 1

直法 6 - 3

昭和60年 2 月21日

日本放送協会人事部長
○○○○殿

国税庁直税部長

○○○○

永年勤続記念旅行券の支給に伴う課税上の取扱いについて（昭和60. 2 .15付照会に対する回答）

　標題のことについては、貴見のとおり取り扱うこととして差し支えありません。なお、この取扱いは、今後処理するものについて適用するものとする

別紙 2

昭和60年 2 月15日

国税庁直税部長

○○○○殿

　永年勤続記念旅行券の支給に伴う課税上の取扱いについて（照会）
　標題の件について、この度、表彰（永年勤続表彰）規定を改正し、下記の内容により一定の永年勤続者を対象として永年勤続記念旅行券支給制度を実施することになりました。
　この制度は、永年勤続者の表彰に当たり、その記念として実施するものであり、これにより表彰対象者が受けることとなる旅行券の支給に伴う経済的利益については、所得税基本通達36－21を適用し、課税を要しないものとして取り扱って差し支えないかお伺いします。
　なお、当協会における表彰（永年勤続表彰）規定では、勤続者の勤続年数が満15年到達時に初回表彰を行い、その後5年ごとの間隔をおいて2回目以後の表彰を行うこととしていますが、上記の永年勤続記念旅行券制度は、この表彰制度の一環として行うものであることを念のため申し添えます。
1　支給対象者及び支給額
　旅行券の支給対象者及び支給額は次のとおりとします。
（支給対象者）　　　　　（支給額）
満25年勤続者　　　10万円相当の旅行券
満35年勤続者　　　20万円相当の旅行券
2　支給の時期
　旅行券の支給の時期は、採用の月から起算して上記1に掲げる勤続年数に達した月の翌月とします。
3　旅行券の送付
　旅行券は上記2の支給月の前月中旬に当協会人事部より各部局庶務部あてに送付します
4　支給の手続
　旅行券の支給は、各部局庶務部において所定の支給調書に必要事項（支給対象者の所属・氏名・採用年月日・勤続年数・旅行券額等）を記入した上、支給対象者がこれに受領印を押印することにより行うこととします。

5　旅行の実施

(1)　旅行の実施は、旅行券の支給後1年以内とします。

(2)　旅行の範囲は支給した旅行券の額からみて相当なもの（海外旅行を含みます。）とします

6　旅行実施報告書の提出等

(1)　旅行券の支給を受けた者が当該旅行券を使用して旅行を実施した場合には、所定の報告書に必要事項（旅行実施者の所属・氏名・旅行日・旅行先・旅行社等への支払額等）を記載し、これに旅行先等を確認できる資料を添付して所属各部局庶務部に提出することとします。

(2)　旅行券の支給を受けた者が、当該旅行券の支給後1年以内に旅行券の全部又は一部を使用しなかった場合には、旅行券は所属各部局庶務部に返還することとします。

給与所得と事業所得

　当学校法人は、小中学校での理科の実験ボランティアに謝礼を支払います。
　ボランティアの内容と謝礼は次のとおりです。
　謝礼を支払う際に源泉徴収は必要ですか。
　別途、交通費を支払いますが、交通費にも源泉徴収は必要ですか。

ボランティアの内容と謝礼

○　ボランティアは主に理系の大学生で、委嘱状の交付（期間1年）を受けている。

○　特に、雇用契約は交わしていないが、報酬は、時給で支払うこととしている。

○　交通費は実費を支給する。

○　業務は理科の実験の準備や授業中の先生のサポートで、先生の指示に従う。

回答

　ボランティアに対する謝礼は給与所得として支払いの際に源泉徴収することになります。

解説

1　給与所得と事業所得の判定

　給与所得には、一定の者の指導・監督の下に、時間的、場所的拘束等がある場合の役務の提供の対価も含まれます。

　学校とボランティアとの間の契約内容から、給与所得か事業所得かの判定を次の(1)～(5)の判定項目により行います。

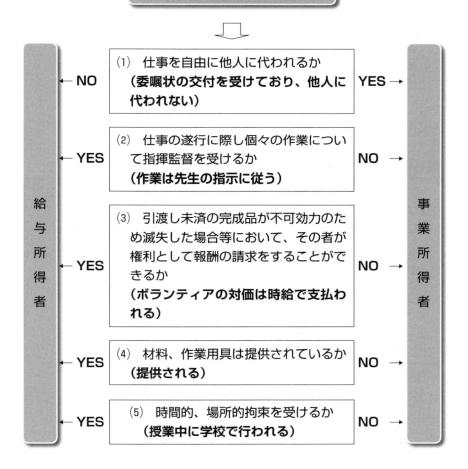

2　判定結果と所得区分

　次の(1)〜(5)の判定結果から、学校による指揮監督、時間的、場所的拘束等があり、給与の要件を満たしていますので、ボランティアに対する報酬は給与所得に該当します。

　なお、税額については、税額表の日額表又は月額表を用いて計算することになります。

また、給与所得者に支給する交通費は、実費であれば、非課税となります。
 (1)　ボランティアは、市から委嘱状の交付を受けており、仕事を自由に、他人に代われない。
 (2)　個々の作業については先生の指示に従う。
 (3)　ボランティアの対価は時給で支払われる。
 (4)　材料及び用具等は学校から提供される。
 (5)　実験は校内で授業中に行われ時間的、場所的拘束を受ける。

調査官はココを見る！

　給与所得に該当する場合は、給与支払の際に源泉所得税を課税しなければなりません。
　給与所得か否かについては、次の要件を検討することになります。
 (1)　仕事を自由に他人に代われるか
 (2)　仕事の遂行に際し個々の作業について指揮監督を受けるか
 (3)　引渡し未済の完成品が不可効力のため滅失した場合等において、その者が権利として報酬の請求をすることができるか
 (4)　材料、作業用具は提供されているか
 (5)　時間的、場所的拘束を受けるか

事例7

国外に居住する親族の扶養控除

> 　当社は、Ａ国の海外支店から外国人Ｂ氏を採用しています。
> 　Ｂ氏に扶養控除等申告書の提出を求めたところ、Ａ国に居住する３名の扶養親族を申告したいとの申し出がありました。
> 　３名の扶養親族は、日本国内に居住していないことから、扶養親族とはならないと思いますがどうでしょうか。
> 　もし、扶養親族になるとすれば、どんな要件を満たす必要があるのでしょうか。

回答

　海外に居住する扶養親族でも、所得者と生計を一にし、合計所得金額48万円以下等の扶養親族の要件を満たせば、控除対象扶養親族は一人につき38万円、また、特定扶養親族は一人につき63万円が控除できます。

解説

　所得税法上は、扶養親族が国外に居住しているか否かにかかわらず、税法上の控除対象扶養親族等の要件を満たせば、所得控除は可能です。

　平成27年度の税制改正により、所得税法の一部が改正され非居住者である親族（**国外居住親族**）を所得控除（扶養、配偶者、障害者控除又は配偶者特別控除）の対象とする場合には、新たに、その非居住者に関する「**親族関係書類**」や「**送金関係書類**」を源泉徴収義務者に提出し、又は提示しなければならないことになりました。

　　　　　（所法84、2①三十四、三十四の二、三十四の三、三十四の四）

1　親族関係書類 とは国外居住者が居住者の親族であることを証明する右記の①又は②の書類	⇨	①　戸籍の附票の写しその他の国又は地方公共団体が発行した書類及び国外居住親族の旅券
	⇨	②　外国政府又は外国の地方公共団体が発行した書類（国外居住親族の氏名、生年月日及び住所又は居所の記載があるものに限る。）
2　送金関係書類 とは、居住者がその年に国外居住親族の生活費又は教育費を支払ったことを証明する右記の①及び②の書類	⇨	①　外国送金依頼書（金融機関が行う為替取引により居住者から国外居住親族に支払をしたことを明らかにする書類）
	⇨	②　家族カードのクレジットカード利用明細書（国外居住親族がクレジットカード発行会社が交付したカードを提示してその国外居住親族が商品等を購入したこと等により、その商品等の代金に相当する額の金銭をその居住者から受領した、又は受領することとなることを明らかにする書類）

調査官はココを見る！

　国外に居住する親族を扶養している場合には、次に掲げる書類の提示を求め、扶養の事実を確認します。

(1)　扶養親族の証明
　　　被扶養者が日本国籍の場合　➡　戸籍の附票の写し等
　　　被扶養者が外国籍の場合　　➡　外国政府又は外国の地方公共団体が発行した書類
(2)　外国送金依頼書の控
(3)　家族カードのクレジットカード利用明細書

事例 8

国外に居住する親族の扶養の事実を証明する「送金関係資料」とは

　当社は、Ａ国の海外支店から外国人Ｂ氏を採用しています。

　Ｂ氏に扶養控除等申告書の提出を求めたところ、Ａ国に居住する 3 名の国外居住親族（Ｃ・Ｄ・Ｅ）を申告したいとの申し出がありました。

　Ｂ氏がその年に国外居住親族の生活費又は教育費を支払ったことの証明として海外送金をする予定ですが、Ｃに対し一括で送金します。

　この場合に、扶養親族とする要件を満たすことになるのでしょうか。

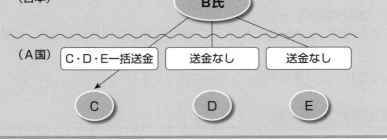

回答

　Ｂ氏は国外居住親族ＤとＥに対し直接送金していませんので、扶養親族とするための海外送金の要件を満たしていません。

　したがって、扶養親族とすることはできません。

解説

1　国外居住親族を扶養親族とする要件

　所得税法上は、扶養親族が国外に居住しているか否かにかかわらず、税法上の控除対象扶養親族等の要件を満たせば、所得控除は可能です。

　国外居住親族を所得控除（扶養、配偶者、障害者控除又は配偶者特別控除）の対象とする場合には、新たに、その非居住者に関する**「親族関係書**

類」や「送金関係書類」を源泉徴収義務者に提出し、又は提示しなければ
ならないこととされています。

　この場合の送金は、扶養親族の対象とする親族ごとに送金する必要があ
ります。　（所法84、2①三十四、三十四の二、三十四の三、三十四の四）

送金関係書類と
は、居住者がその
年に国外居住親族
の生活費又は教育
費を支払ったこと
を証明する書類

外国送金依頼書
金融機関が行う為替取引により居住者
から国外居住親族に支払をしたことを明
らかにする書類

2　B氏の場合

　B氏はD・Eの生活費をD・Eに直接送金していませんので、扶養親族
とするための送金の要件を満たしていません。

　したがって、扶養親族とすることはできません。

調査官はココを見る！

　国外に居住する親族に送金をしている場合には、被扶養者本人に直接、
送金が行われているか、海外送金依頼書の検討を行うことになります。

扶養者　　➡　　被扶養者

事例 9

役員に対する豪華社宅について

　当社はこの度、外国人の役員を受け入れることになりました。
　役員受け入れに際し社宅を提供することになりました。
　役員本人は、広い住宅を希望しておりましたので、240平方メートルを超える住宅を提供する予定です。
　役員本人から家賃を徴収するに際しては、いわゆる豪華社宅として家賃を時価で評価することになるのでしょうか。

回答

　家屋の床面積が240平方メートルを超えているからといって、常に、豪華社宅に該当し、家賃を時価で評価することにはなりません。

解説

　役員に提供されている住宅のうち社会通念上一般に貸与されていると認められない住宅、いわゆる豪華社宅であるか否かは、その住宅の床面積だけではなく次の項目についても検討し判断することになります。

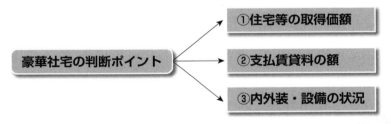

豪華社宅の判断ポイント
→ ①住宅等の取得価額
→ ②支払賃貸料の額
→ ③内外装・設備の状況

　ご質問の住宅については、上記①～③のポイントを検討し、豪華社宅に該当するか判断することになります。家屋の床面積が240平方メートル以下であっても、一般に貸与されている住宅等に設置されていないプールのような設備、又は役員個人の嗜好等を著しく反映した設備等を有する住宅は豪華社宅に該当し家賃を時価で評価することになります。

（所令84の２、個別通達課法８－１（例規））

役員に対し家屋の床面積が240平方メートルを超える社宅を提供している場合には、豪華社宅に該当するか否か、次の事項について検討することになります。

(1) 購入した社宅を提供している場合には、その取得価額

(2) 賃借している住宅を提供している場合には、その家賃

(3) 提供する社宅の内装と外装

(4) 役員の趣味嗜好等を反映した設備等を有しているか

《個別通達》

課法 8 - 1 （例規）

課所 4 - 4

平成 7 年 4 月 3 日

国税局長殿

沖縄国税事務所長　殿

使用者が役員に貸与した住宅等に係る賃貸料の計算に当たっての取扱いについて

　標題のことについては、下記により取り扱うこととされたい。

　なお、この取扱いは、平成 7 年10月 1 日以後の支払を受けるべき通常の賃貸料の額の計算について適用する。

（趣旨）

　使用者が役員に貸与した住宅等に係る通常の賃貸料の額の計算に当たっては、所得税基本通達36-40又は36-41により通常の賃貸料の額の計算を行うのであるが、当該住宅等が社会通念上一般に貸与されている住宅等と認められない住宅等である場合には、これらの取扱いの適用がない旨を明らかにしたものである。

記

　使用者（国、地方公共団体その他これらに準ずる法人を除く。）がその役員に対して貸与した住宅等（当該役員の居住の用に供する家屋又はその敷地の用に供する土地若しくは土地の上に存する権利をいう。以下同じ。）のうち、家屋の床面積（公的使用に充てられる部分がある場合の当該部分を除く。以下同じ。）が240平方メートルを超えるものについては、当該住宅等の取得価額、支払賃貸料の額、内外装その他の設備の状況等を総合勘案して当該住宅等が社会通念上一般に貸与されているものかどうかを判定する。

当該住宅等が社会通念上一般に貸与されている住宅と認められない場合の通常の賃貸料の額の計算に当たっては、所得税基本通達36‐40又は36-41に掲げる算式は適用しないものとする。

（注）

　1　社会通念上一般に貸与されている住宅等と認められない場合の通常の賃貸料の額は、所得税法施行令第84条の2《法人等の資産の専属的利用による経済的利益の額》の規定が適用されることに留意する。

　2　一般に貸与されている住宅等に設置されていないプール等のような設備若しくは施設又は役員個人の嗜好等を著しく反映した設備若しくは施設を有する住宅等については、家屋の床面積が240平方メートル以下であっても、社会通念上一般に貸与されている住宅等に該当しないものとする。

　3　家屋の床面積が240平方メートルを超えていることのみをもって、社会通念上一般に貸与されている住宅等と認められないものとして取り扱うことのないよう留意する。

レクチャー②
期限後納付と加算税

Q 当社は、源泉徴収義務者ですが、当月の源泉所得税の納付が1日遅れて期限後納付となってしまいました。

これまで、一度も期限後納付になったことはありませんが、不納付加算税は課されるのでしょうか。

回答

期限後に納付した場合でも、法定の要件を満たす場合には、法定納期限内に納付する意思があったと認められ不納付加算税は課税されません。

解説

次の法定の要件を満たす場合には、法的な救済措置として不納付加算税は賦課されません。　　　　　　　　　　　　　（通則法67③）

要件

期限後納付の法定納期限の属する月の前月の末日から起算して1年前の日までの間に納期限が到来する源泉税について次の事実があること。

① 納税の告知を受けたことがない。
② 法定納期限後に納付された事実がない。
③ 今回、期限後に納付する源泉税について法定納期限から1か月を経過する日までに納付している。

設例

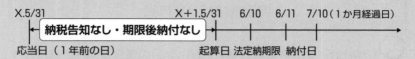

設例の場合は、X＋1年5/31から1年前の応当日であるX年5/31の間に納税告知も期限後納付もありません。また、法定納期限の翌日が納付日ですので、不納付加算税は課されません。

事例10

社宅に業務用の部分がある場合の徴収すべき家賃とは

> 　当社は役員に借上社宅を提供し、支払家賃500,000円の半額の250,000円を役員から徴収しております。（家屋の床面積は135平方メートルを超えています。）
>
> 　今後は、社宅内の応接間、食堂等を業務の打合せ、得意先等の接待等に利用しようと考えております。
>
> 　業務用に使用している部分がある場合、役員から徴収すべき家賃はいくらになるのでしょうか。

回答

　役員から徴収すべき家賃は175,000円となります。

解説

　役員に対し、借上社宅を提供している場合の役員から徴収すべき家賃の額は、家屋の床面積が132平方メートルを超える場合には、所得税基本通達36－40《役員に貸与した住宅等に係る通常の賃貸料の額の計算》によりますと、一般的には支払家賃の50％となります。

> **通常の賃貸料　500,000円（支払家賃）×50％＝250,000円**

　また、その住宅について公的使用部分がある場合には、役員から徴収すべき家賃については、所得税基本通達36－43《通常の賃貸料の額の計算の特例》により、さらに、その70％以上となっております。

　ご質問の場合には、175,000円が徴収すべき家賃となります。

> **公的使用部分がある場合の通常の賃貸料**
> **250,000円（通常の賃貸料）×70％＝175,000円**

（所基通36-40、36-43）

　役員に対し賃借している社宅を提供している場合には、その賃借料の50%以上を徴収しているか検討することになります。

役員からの徴収家賃　≧　賃借料×50%

事例11

社員に社宅を提供した場合の非課税限度額

> 当社は新規に採用した社員に借上社宅を提供し、家賃を徴収する予定
> ですが、家賃を全額非課税とすることはできるのでしょうか。
> もし、課税する場合には、非課税限度額はどのように計算するのでし
> ょうか。

回答

　社員に対し借上社宅を提供した場合には、その社宅が「職務の遂行上や
むを得ない必要に基づき貸与を受ける家屋等」に該当しない場合は、家賃
を徴収する必要があります。

解説

1　非課税となる家屋等

　社員が職務の遂行上やむを得ない必要に基づき貸与を受ける家屋等につ
いてはその貸与を受けることによる利益は非課税として取り扱います。
「職務の遂行上やむを得ない必要に基づき貸与を受ける家屋等」とは、次
に掲げるようなものが該当します。

　①　船舶乗組員に提供する船室
　②　昼夜作業を行う使用人に提供する家屋又は部屋
　③　看護師、守衛等に提供する家屋又は部屋
　④　ホテル、旅館等の使用人に提供する家屋又は部屋
　⑤　季節的労働者、鉱山の採掘場等に勤務する使用人に提供する家屋又
　　は部屋

　したがって、ご質問の社員に提供する住宅は上記①〜⑤に掲げる「職務
の遂行上やむを得ない必要に基づき貸与を受ける家屋等」に該当しない場
合には、その社員から家賃を徴収する必要があります。

2　家賃を徴収する場合の非課税限度額

　通常の賃貸料相当額（月額）の50％以上を社員から徴収していれば、課税されませんので、次の金額が非課税限度額となります。

（所基通36-41）

$$非課税限度額　＝　賃貸料相当額ー（賃貸料相当額×50％）$$

賃貸料相当額

$$その年度の家屋の固定資産税の課税標準額 \times 0.2\% + 12円 \times \frac{その家屋の総床面積}{3.3}$$

$$+　その年度の敷地の固定資産税の課税標準額 \times 0.22\%$$

　また、職員がその貸与された家屋等の一部を使用しているにすぎない場合には、次の通常の賃貸料相当額の計算の特例があります。

$$上記の　\boxed{賃貸料相当額} \times \frac{50}{当該家屋の総床面積}$$

（所基通36-43）

調査官はココを見る！

　社員に対し無償で社宅を提供している場合には、その家賃相当分は給与として課税対象となりますので、賃貸料相当額を計算し、社員から徴収する必要があります。

事例12

職業紹介所から派遣された職員に対する報酬の取扱い

当社は、都内で有料老人ホームを経営しています。

厚生労働大臣の認可を受けている職業紹介所から入居者の身の回りの世話をする職員の派遣を受けております。

職員の作業は、ホームの施設内において、当ホームが作成したスケジュールに従って行っております。

また、作業着等の必要なものは、全て当ホームが職員に支給しております。

今回、職業紹介所から派遣された職員の報酬と紹介手数料の請求がありました。

職員の報酬と紹介手数料は、職業紹介所に支払います。職員の報酬に対しては、源泉徴収する必要があるとのことですが、なぜでしょうか。

回答

職業紹介所に支払う金額のうち派遣された職員の報酬については、給与所得に該当しますので、源泉徴収の対象となります。

解説

職業紹介所は貴社に対し職員を紹介するだけですので、貴社と職員の関係は、次の(1)～(3)の勤務状況から雇用関係があることになります。

貴社が職業紹介所に職員の報酬を支払う際に、給与として源泉徴収する必要があります。

(1) 派遣された職員は、貴社の有料老人ホーム内で役務提供を行っている。

(2) 派遣された職員は、貴社が作成したスケジュールにより入所者の身の回りの世話をしている。

(3) 作業着等の作業に必要なものは、全て貴社から支給されている。

　厚生労働大臣の認可を受けている職業紹介所から派遣された者に対する支払は、給与所得に該当します。（派遣先と職業紹介所から派遣された者との間には雇用関係があります。）

　給与所得に該当する場合は、給与支払の際に源泉所得税を課税しなければなりません。

　職業紹介所から派遣された者に対する支払は消費税の計算上、課税仕入れには該当しませんので、注意が必要です。

事例13

レクリエーション（社員旅行）の費用の取扱い

当社は、今年、社員の慰労のために次の内容で社員旅行を計画しております。当社が負担する旅行費用は社員の給与として課税されるのでしょうか。仕事や家庭の事情で参加できない社員には、当社負担額12万円を現金で支給する予定です。
(1)　旅行期間　3泊4日
(2)　旅行参加割合　50%
(3)　旅行費用　25万円
(4)　(3)のうち当社の負担額　12万円

回答

参加できない社員に対しては現金を支給するということですので、参加できない社員に支給した12万円に相当する金額を全社員に給与として課税することになります。

解説

使用者が従業員等のレクリエーションのために行う旅行の費用を負担することにより、旅行に参加した従業員等が受ける経済的利益については、その旅行の目的・規模・行程・従業員等の参加割合・使用者と参加従業員の負担額などを総合的に勘案して判断することになります。

次のいずれの要件も満たしている場合には、原則として課税されません。

非課税の要件

(1)　当該旅行に要する期間が4泊5日（目的地が海外の場合には、目的地における滞在日数による。）以内のものであること。
(2)　当該旅行に参加する従業員等の数が全従業員等（工場、支店等で行う場合には、当該工場、支店等の従業員等）の50%以上であること。

ご質問の場合は、参加できない社員に対しては現金を支給するということですので、参加できない社員に支給した12万円に相当する金額を全社員に給与として課税することになります。　　　　　　（個別通達課法8－1）

調査官はココを見る！

　会社の事情又は社員個人の事情により、社員旅行に参加できない社員に対し現金を支給する場合には、その支払は給与所得に該当しますので、注意が必要です。

《個別通達》

昭和63年 5 月25日直法 6 - 9 （例規）、直所 3 -13
平成元年 3 月10日直法 6 - 2 （例規）、直所 3 - 3 により改正
平成 5 年 5 月31日課法 8 - 1 （例規）、課所 4 - 5 により改正

国税局長殿
沖縄国税事務所長　殿

国税庁長官

所得税基本通達36-30(課税しない経済的利益……使用者が負担するレクリエーションの費用）の運用について（法令解釈通達）

標記通達のうち使用者が、役員又は使用人（以下「従業員等」という。）のレクリエーションのために行う旅行の費用を負担することにより、これらの旅行に参加した従業員等が受ける経済的利益については、下記により取り扱うこととされたい。
なお、この取扱いは、今後処理するものから適用する。
おって、昭和61年12月24日付直法 6 -13、直所 3 -21「所得税基本通達36 - 30（課税しない経済的利益……使用者が負担するレクリエーション費用）の運用について」通達は廃止する。
（趣旨）
慰安旅行に参加したことにより受ける経済的利益の課税上の取扱いの明確化を図ったものである。

記

　使用者が、従業員等のレクリエーションのために行う旅行の費用を負担することにより、これらの旅行に参加した従業員等が受ける経済的利益については、当該旅行の企画立案、主催者、旅行の目的・規模・行程、従業員等の参加割合・使用者及び参加従業員の負担額及び負担割合などを総合的に勘案して実態に即した処理を行うこととするが、次のいずれの要件も満たしている場合には、原則として課税しな

くて差支えないものとする。

(1)　当該旅行に要する期間が４泊５日（目的地が海外の場合には、目的地における滞在日数による。）以内のものであること。
(2)　当該旅行に参加する従業員等の数が全従業員等（工場、支店等で行う場合には、当該工場、支店等の従業員等）の50％以上であること。

事例14

講演者の宿泊代と交通費を負担した場合の取扱い

　当社は、新入社員の社員教育の一環として、「マナー研修」を開催し、外部から講師Ａ氏を招き講演をお願いすることになりました。

　講演に際しては、講演料は講師Ａ氏に直接支払い、また、開催場所が遠隔地であることから、開催場所までの切符と宿泊先は当社で手配し支払は当社がホテルと交通機関に行うことになります。

　この場合に、当社が支払う宿泊代と交通費については、報酬料金として源泉所得税が課税となるのでしょうか。

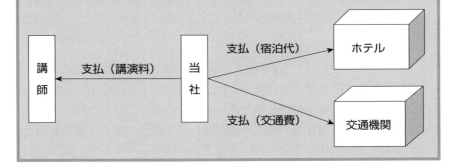

回答

　貴社がホテルと交通機関に直接支払った宿泊代と交通費については、源泉徴収の必要はありません。

解説

1　給与所得者に対する旅費の取扱い

　給与所得者が次に掲げる旅行を行う場合において支給される旅費については、通常必要と認められるものについては課税されません。

（所法9①四）

①　勤務する場所を離れて職務を遂行するために行う旅行

②　転任に伴う転居のために行う旅行

③　就職や退職した人の転居又は死亡により退職した人の遺族が転居の
ために行う旅行

2　報酬・料金の支払者が負担する旅費の取扱い

　給与所得者に支給される旅費については、所得税法において、旅費を非
課税とする規定はありますが、報酬・料金の支払の対象者となる事業所得
者に支給する旅費については非課税の規定はありません。

　ただし、報酬・料金の支払者が、役務を提供する人のその役務を提供す
るために行う旅行、宿泊等の費用を負担する場合に、役務を提供する人に
支払うものでなく、その支払者から交通機関、ホテル、旅館等に直接支払
われ、かつ、その金額がその費用として通常必要であると認められる範囲
内のものであるときは、源泉徴収をしなくて差し支えないこととされてい
ます。　　　　　　　　　　　　　　　　　　　　　　　　（所基通204-4）

┌─────────────────────────────────┐
│　　　　　　　　　**源泉徴収しない理由**　　　　　　　　　│
│　報酬・料金の支払者がその費用を交通機関、ホテル等に直接支払うも│
│のについては、支払を受ける者がその金額を知ることはできず、源泉徴│
│収になじまないと考えられるところから、その費用が通常必要であると│
│認められる範囲内のものは、例外的に源泉徴収をしなくて差し支えない│
│こととされているものです。│
└─────────────────────────────────┘

3　貴社の場合

　貴社がホテルと交通機関に直接支払った宿泊代と交通費については、講
師A氏は知ることができず、源泉徴収になじみませんので、上記2の取扱
いにより源泉徴収の必要はありません。

┌─────────────────────────────────┐
│　**調査官はココを見る！**│
│　報酬・料金の支払を受ける者が、交通機関、ホテル等に直接、交通費、│
│宿泊費を支払い、その後、立替額の請求があった場合には、その支払の│
│際に報酬料金として源泉所得税を課税する必要があります。│
└─────────────────────────────────┘

> ### レクチャー③
> #### 税額表の使い方

Q
税額表の「月額表」と「日額表」の使い方について教えてください。

解説

1　「月額表」の使い方

「月額表」は次の場合に使用します。

①　給与等の支給期が毎月と定められている場合

②　給与等の支給期が毎半月と定められている場合

③　給与等の支給期が毎旬と定められている場合

④　給与等の支給期が月の整数倍の期間ごとと定められている場合

> (注)　「給与等の支給期」とは、給与の収入金額の収入すべき時期をいいます。
>
> 　例えば、日額いくらというように給与の金額を定めている場合でも、これをまとめて月ごとに支払うことと定めていれば、給与の支給期（収入すべき時期）は毎月ということになります。

(所法185①一イロハニ、二イロハニ、所基通185-1)

2　「日額表」の使い方

「日額表」は次の場合に使用します。

①　給与等の支給期が毎日と定められている場合

　(注)　例えば、働いたその日ごとに給与を支払うと定めている場合

②　上記「月額表」の①～④及び「日額表」①以外の場合

　(注)　例えば、給与等の支給期が週ごと又は20日ごとと定めている場合

③　労働した日又は時間によって算定され、かつ、労働した日ごとに支払を受ける給与等で雇用期間が2か月以内のもの

(所法185①一ホヘ、二ホヘ、三、所令309、所基通185-8)

Q 　当自治体の各種委員の報酬が日額で定められている場合で、1か月分をまとめて支払う際の税額表は、「月額表」と「日額表」のどちらを使うべきでしょうか。

　条例等では、支給日の具体的な定めがなく、「職務従事後にそれぞれ支給する」となっています。

回答

　「月額表」を使用し、税額計算を行います。

解説

　税額表は、支給期に応じて「月額表」又は「日額表」を使用することとされています。

　ご質問の場合は、支給日の具体的な定めがないとのことですが、支給日の定めがない場合には、実際の支給日が支給期となります。

　したがって、1か月分をまとめて支給するとのことですので、「給与等の支給期が毎月と定められている場合」として、「月額表」を使用し税額計算することになります。

税 額 表 の 種 類 と 使 用 す る 欄			
税額表の種類	給与の支給区分	扶養控除等申告書の提出の有無	税額表の使用する欄
月額表	①給与等の支給期が毎月と定められている場合 ②給与等の支給期が毎半月と定められている場合 ③給与等の支給期が毎旬と定められている場合 ④給与等の支給期が月の整数倍の期間ごとと定められている場合	申告書提出あり	甲　欄
		申告書提出なし	乙　欄

（所法185①一イ、二イ、所基通36-9(1)）

Q 月 4 日の勤務の場合で、その給与を翌月に支払う場合には「月額表」を使用し税額を計算することになるのでしょうか。

例えば、7 月の 4 日分の給与を 8 月に支払う場合に「日額表」を使用することはできるのでしょうか。

回答

「日額表」丙欄を使用し税額を計算できる場合があります。

解説

ご質問では、報酬を勤務当日ではなく、後日、支払うとのことですが、あらかじめ定められた雇用契約の期間が 2 か月以内の者に支払われる給与等で、労働した日又は時間によって算定され、かつ、労働した日ごとに支払を受ける給与等は、「日額表」丙欄を使用し税額計算することとされています。　　　　　　　　　　　（所基通185- 8 ）

したがって、ご質問の場合がこれに該当すれば、7 月の 4 日分の報酬を 8 月に支払った場合には、「月額表」ではなく「日額表」丙欄により税額計算することができます。

（所法185①一ホヘ、185①二ホヘ、185①三、所令309、所基通185- 8 ）

Q 当社は来期、コンビニエンスストア事業を展開する予定です。

従業員については、当面は2か月間の短期雇用のアルバイトの採用を予定しております。

給与については、時給計算により計算し、勤務当日に支払います。

給与支払いに際して源泉徴収税額はどのように計算するのでしょうか。

回答

「日額表」丙欄を使用し、税額計算を行います。

解説

1 日額表丙欄を使用する要件

① 給与を勤務した日又は勤務した時間によって計算していること。

② 雇用契約の期間があらかじめ定められている場合には、2か月以内であること。

③ 日々雇い入れている場合には、継続して2か月を超えて支払をしないこと。（最初の契約期間が2か月以内の場合でも、雇用契約の期間の延長や、再雇用で2か月を超える場合には、雇用期間が2か月を超えた日から「日額表」丙欄は使用できません。）

2 貴社の場合

貴社が採用するアルバイトの採用期間は、2か月間であること。

また、給与は勤務当日に支払うことから税額計算に際しては、「日額表」丙欄を使用します。

ただし、雇用契約の期間の延長などで、2か月を超える場合には、雇用期間が2か月を超えた日から「日額表」丙欄は使用できません。

(所令309)

Q 当社は来期、コンビニエンスストア事業を展開する予定です。

従業員については、勤務日数は週3日で、当面は3か月間の短期雇用のアルバイトの採用を予定しております。

給与については、1日当たり9,000円とし計算し、月末締めで翌月10日に支払います。

勤務の実勤務日数は、1か月を超える程度ですので、2か月を超えていません。「日額表」丙欄を使用することができるのでしょうか。

回答

「日額表」丙欄は使用できません。

「月額表」を使用し、税額計算を行います。

解説

1　「日額表」丙欄を使用する場合の要件

① 給与を勤務した日又は勤務した時間によって計算していること。

② 雇用契約の期間があらかじめ定められている場合には、2か月以内であること。

③ 日々雇い入れている場合には、継続して2か月を超えて支払をしないこと。（最初の契約期間が2か月以内の場合でも、雇用契約の期間の延長や、再雇用で2か月を超える場合には、雇用期間が2か月を超えた日から「日額表」丙欄は使用できません。）

2　貴社の場合

勤務の実勤務日数は1か月を超えるとのことですが、貴社が採用するアルバイトの採用期間は3か月間であることから、2か月を超えていますので「日額表」の丙欄を使用することはできません。

また、1か月分をまとめて支払いますので、税額表は「月額表」を使用することになります。　　　　　　　　（所令309、所基通185-8）

Q 当社は、マンションの販売会社です。

顧客の案内のために、駅前で案内板を表示する者を日額12,000円で雇用しております。

この者については、来社すれば、いつでも、雇用する旨を伝えてあります。日払の給与については、税額表は、「日額表」丙欄を使用することができるのでしょうか。

回答

雇用から2か月までは、「日額表」丙欄を使用することになりますが、2か月を超える部分については「日額表」の甲欄又は乙欄を使用して税額を計算することになります。

解説

ご質問の場合は、あらかじめ来社すれば、いつでも雇用する旨を伝えてありますので、2か月を超えて雇用することになると思われます。

雇用から2か月までは「日額表」丙欄を使用することになりますが、2か月を超える部分については「日額表」の甲欄又は乙欄を使用して税額を計算することになります。

税　額　表　の　種　類　と　使　用　す　る　欄			
種類	給与の支給区分	提出の有無	使用する欄
日額表	① 毎日支払う給与 ② 週ごとに支払う給与 ③ 日割りで支払う給与	申告書 提出あり	甲　欄
		申告書 提出なし	乙　欄
	④ 日雇賃金 （注）　日雇賃金とは、日々雇われる人に対し、労働した日又は時間によって算定される給与で、かつ、労働した日ごとに支払われるもの	申告書 提出不要	丙　欄

（所令309、所基通185-8、185-9）

102

事例15

単身赴任者の帰省旅費の取扱い

当社では、給与規程において、単身赴任者に対してお正月とお盆の年2回、帰省旅費を実額で支給することとしています。帰省しない従業員には支給しておりません。単身赴任は業務命令ですし、帰省旅費は実額で精算していますので、出張旅費と同様に考えてよろしいでしょうか。

回答

お尋ねの帰省旅費は、従業員に対する給与となり、源泉徴収の必要があります。

解説

1 給与所得となるものとは

給与所得とは、使用人や役員に支払う俸給や給料、賃金、歳費、賞与の他、これらの性質を有するものをいい、各種手当や経済的利益を含みます。

しかし、例外として、次のような手当は非課税となります。

(1) 通勤手当のうち、一定金額以下のもの
(2) 転勤や出張などのための旅費のうち、通常必要と認められるもの
(3) 宿直や日直の手当のうち、一定金額以下のもの

（所法9①四、五、六、28、所基通28-1）

2 貴社の帰省旅費の場合

貴社の帰省旅費を上記1(2)の旅費に当たるのではないかとお考えのようですが、転勤時の旅費ではありませんし、出張旅費等にも当たりません。

そのため、非課税となる手当等に該当せず、給与として源泉徴収をする必要があります。

ただし、会議等に併せて帰宅をした場合に支給される旅費については、次のような場合には課税しなくてもよいことになっています。

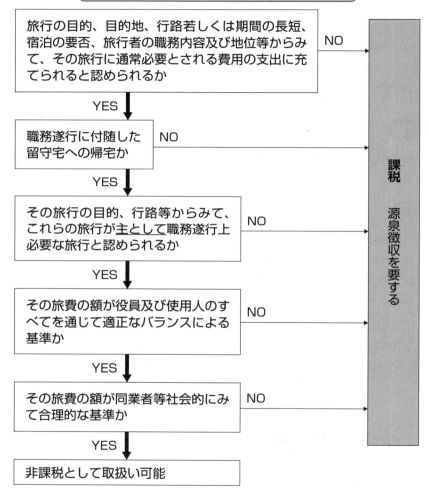

単身赴任者に支給される職務遂行上の理由から旅行する場合に支給される旅費

旅行の目的、目的地、行路若しくは期間の長短、宿泊の要否、旅行者の職務内容及び地位等からみて、その旅行に通常必要とされる費用の支出に充てられると認められるか — NO

YES ↓

職務遂行に付随した留守宅への帰宅か — NO

YES ↓

その旅行の目的、行路等からみて、これらの旅行が主として職務遂行上必要な旅行と認められるか — NO

YES ↓

その旅費の額が役員及び使用人のすべてを通じて適正なバランスによる基準か — NO

YES ↓

その旅費の額が同業者等社会的にみて合理的な基準か — NO

YES ↓

非課税として取扱い可能

課税 源泉徴収を要する

（所基通9−3、昭60.11.8直法6−7）

なお、次のことに留意する必要があります。

(1)　この取扱いの対象になるのは、単身赴任者が会議等のため職務遂行上の必要に基づく旅行を行い、これに付随して帰宅する場合に支払われる

旅費に限られること。

⑵　この取扱いは、その性質上、月１回などの定量的な基準で非課税の取扱いをするということにはなじまないものであること。

⑶　帰宅のための旅行は、職務出張に付随するものであることから、その期間や帰宅する地域等には、おのずから制約があること。

　これらを満たす場合は非課税の旅費とできますが、会議等の出席記録がわかるように議事録などに記録したり、日報などに業務内容を記載したりして調査の際にも説明できるようにしておく必要があります。

【例１】 原則

	月	火	水	木	金	土
通常		旅行日	会議等	会議等	旅行日	
非課税	旅行日	帰宅日	会議等	会議等	帰宅日	旅行日

【例２】 週末を挟んだ場合

	金	土	日	月	火
通常			旅行日	会議等	旅行日
非課税	旅行日	帰宅日	帰宅日	会議等	旅行日

調査官はココを見る！

　単身赴任者がいる場合、その者への支払いが源泉徴収の対象になるものはないか、例えば、福利厚生費、旅費交通費の中に、従業員の帰省旅費がないかを確認します。

　会議等に併せて帰宅した場合、実際に会議や業務を行っているかなどについてチェックします。

タクシー通勤の場合の通勤手当の取扱い

当社では役員にタクシー通勤を認めています。タクシー代は直接会社がタクシー会社に支払っています。月額およそ5万円です。通勤手当の非課税限度額内ですので、源泉徴収の必要はないと考えていますが、よろしいでしょうか。

なお、電車を利用した場合の通勤定期券代は月額2万円です。

回答

電車を利用した場合の通勤定期代2万円を超える金額は取締役に対する給与として課税の対象となり、源泉徴収をする必要があります。

解説

1 非課税となる通勤手当とは

役員や使用人に対し通常の給与に加算して支給する通勤手当や通勤定期券などは、一定の限度額まで非課税となっています。その金額は利用する交通手段により次のとおりとなっています。

［非課税となる1か月当たりの限度額］

区　　　分		課税されない金額
①電車やバスなどの交通機関だけを利用している人		1か月当たりの合理的な運賃等の額（最高限度150,000円）
②マイカーや自転車などで通勤している人（片道の通勤距離に応じ）	55km以上	31,600円
	45km以上55km未満	28,000円
	35km以上45km未満	24,400円
	25km以上35km未満	18,700円

15km以上25km未満	12,900円
10km以上15km未満	7,100円
２km以上10km未満	4,200円
２km未満	（全額課税）
③電車やバスなどの交通機関の他にマイカーや自転車などを利用している人	①の１か月当たりの合理的な運賃等の額と②の金額との合計額 （最高限度　150,000円）

「合理的な運賃等の額」とは、通勤のための運賃、時間、距離等の事情に照らし最も経済的かつ合理的と認められる通常の通勤の経路及び方法による運賃等の額により算定することとされています。

（所法９①五、所令20の２）

2　貴社の役員のタクシー通勤について

　公共交通機関による通勤が可能な場合、タクシーによる通勤は最も経済的かつ合理的とは認められず、非課税の限度額は電車を利用した場合の金額２万円となります。

　ただし、深夜や早朝など公共交通機関が利用できない時間帯で他に交通手段のない者へのタクシー代の負担については、非課税限度額内であれば、課税の対象とはなりません。

3　タクシー代が給与として課税されないケース

　例えば、災害等のため普段通勤に利用している交通機関が利用できないため、タクシーを含む他の交通手段を利用した場合の実費相当額の交通費についても、その利用した交通手段が合理的なものであれば、非課税として源泉徴収の必要はありません。

　このほか、緊急業務が発生した場合にその業務に対処するため出社の際にタクシーを利用した場合の費用は、業務遂行上の費用であり、源泉徴収の必要はありません。

調査官はココを見る！

　支給されている通勤手当は、経済的かつ合理的な運賃等の額であるか
をチェックします。

　旅費交通費にタクシー代が計上されている場合、タクシーの利用に合
理的な理由があるかについて確認しますので、タクシーを利用せざるを
得なかったことについて、説明できるようにしておく必要があります。

事例17

出張に私的旅行を組んだ場合の旅費の取扱い

　当社では、従業員に対して国内の取引先等への出張を命じた場合、旅費規程に基づきその出張に係る往復の交通費を支給することとしています。

　この度、従業員に対して2日間の出張を命じた際、その従業員より、その出張の翌日に休暇を取得し、その出張先の付近において観光をしたい旨の申立てがありました。当社としても、ブレジャー※の一環として、そのような休暇取得・観光を推奨したいと考えています。

　当社が、その出張に係る往復の交通費を負担した場合、その従業員に対する給与として課税する必要はありますか。

※　Business（ビジネス）とLeisure（レジャー）を組み合わせた造語。

回答

　出張後、休暇を取得して観光をする場合であっても、その出張に係る旅行が業務の遂行上直接必要なものと認められる場合には、一般的に、その出張に係る往復の交通費については、その従業員に対する給与として課税する必要はありません。

解説

1　出張旅費の取扱い

　業務の遂行上、直接必要と認められる旅行と認められない旅行とを併せて行った場合の旅費については、原則、法人の業務の遂行上直接必要と認められる旅行の期間と認められない旅行の期間との比等により按分し、前者に対応する部分に係る金額は旅費、後者に対応する部分に係る金額は給与となります。

　ただし、その旅行の直接の動機が業務の遂行のためであり、その旅行を機会に観光を併せて行うものである場合は（注）、その往復の旅費（取引先の所在地等その業務を遂行する場所までのものに限る。）は、法人の業

務の遂行上直接必要と認められるもの、つまり旅費として取り扱うこととなります。

（注）　「その旅行の直接の動機が業務の遂行のためであり、その旅行を機会に観光を併せて行うものである場合」に該当するかは、その旅行の目的、旅行先、旅行経路、旅行期間等、個々の事実関係に基づき総合的に判断します。　　　　（所法9①四、28①、36①②、所基通9-3）

2　貴社の場合

　従業員に命じた出張に係る旅行が、業務の遂行上直接必要なものと認められる場合には、一般的に、その出張に係る往復の交通費については、その従業員に対する給与として課税する必要はありません。

　また、業務上直接必要な旅行の場合、業務に係る1日目の宿泊費用は通常必要と認められる金額のものであれば、従業員に対する給与として課税する必要はありません。

　したがって、1日目の宿泊費用については、その宿泊が2日目の業務遂行上必要と認められると考えられるため、その金額が通常必要と認められるものであれば、従業員に対する給与として課税する必要はありません。

　また、2日目の宿泊費用については、その宿泊が、業務終了時間から判断して当日に帰宅することが困難であるなどの事情によるものではなく、3日目に観光をするための宿泊と認められる場合には、その従業員に対する給与として課税する必要があります。

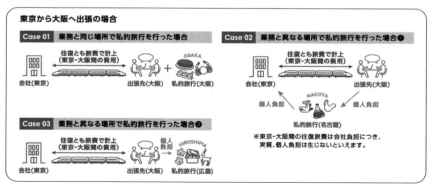

（出所：観光庁「労災や税務処理に関するＱ＆Ａ」）

調査官はココを見る！

　業務遂行上、必要な旅行かどうか、経費精算書、作業日報、出張報告書などから確認しますので、説明できるようにする必要があります。宿泊費用が業務終了時間から判断して当日に帰宅することが困難であるなどの事情によるものでない場合は給与として課税することになります。

事例18

講演料と別に支払う資料作成代等の取扱い

> 当社で開催したセミナーの講師に以下の支払をしました。
> ① 講演料　　　　　30万円
> ② 資料代　　　　　３万円（セミナーに必要な書籍代）
> ③ 交通費　　　１万２千円（会場までの電車による交通費）
> ④ 宿泊費　　　　　１万円（会場近くのホテルの宿泊費）
> 　※資料代、交通費及び宿泊費は、実費にて精算
> これらのうち、講演料以外は実費での精算ですので、講演料について
> のみ源泉徴収すればよろしいでしょうか。

回答

　セミナー講師に対して支払った資料代、交通費及び宿泊費もすべて、報酬、料金等の性質を有するものとして、源泉徴収の対象となります。

解説

1　報酬、料金等に係る源泉徴収

　源泉徴収義務者が居住者に対し国内において次に該当する報酬、料金等を支払った場合には、源泉徴収をする必要があります。

> (1)　原稿料や講演料など（懸賞応募作品の入選者などへの支払で、一人に対して１回に支払う金額が５万円以下のものを除く）
> (2)　弁護士、公認会計士、司法書士等の特定の資格を持つ人などに支払う報酬・料金
> (3)　社会保険診療報酬支払基金が支払う診療報酬
> (4)　プロ野球選手、プロサッカーの選手、プロテニスの選手、モデルや外交員などに支払う報酬・料金
> (5)　芸能人や芸能プロダクションを営む個人に支払う報酬・料金
> (6)　ホテル、旅館などで行われる宴会等において、客に対して接待等を

　　行うことを業務とするいわゆるバンケットホステス・コンパニオンや
　　バー、キャバレーなどに勤めるホステスなどに支払う報酬・料金
(7)　プロ野球選手の契約金など、役務の提供を約することにより一時に
　　支払う契約金
(8)　広告宣伝のための賞金や馬主に支払う競馬の賞金

（所法204）

2　報酬、料金等の範囲

　セミナーの講師に支払う講演料は上記1⑴に該当しますので、源泉徴収
の必要な報酬、料金等に該当します。

　この報酬、料金等には、資料代や交通費などの名義で支払うものも含ま
れ、源泉徴収の対象となります。

　実費での精算のため、支払を受ける者にとって、その額は立替金の精算
のように感じるかも知れませんが、いかなる名称での収入であっても、事
業所得や雑所得の計算はそれぞれの所得の総収入金額に算入したうえで、
必要経費として支出した金額を控除して所得の金額を算出することとされ
ています。

　また、所得税法上の旅費の非課税規定は、給与所得者のその職務の遂行
のための旅行について適用されるものであり、事業所得や雑所得に関して
支給される旅費については適用されません。　　　（所法27②、35②二）

3　報酬又は料金の支払者が負担する旅費

　旅費、宿泊費等として支払われるものであっても、源泉徴収の対象とな
るのが原則です。

　しかし、その費用が交通機関、ホテル、旅館等に直接支払われるものに
ついては、その支払金額について講演等を行う役務の提供者が知ることは
必ずしも容易ではないため、その金額が旅費、宿泊費等として通常必要で
あると認められる範囲内のものであれば、源泉徴収をしなくて差し支えな
いことになっています。　　　　　　　　　　　　（所基通204-4）

4 貴社の支払について

　貴社の今回の支払については、③交通費及び④宿泊費を直接貴社が交通機関とホテルに支払った場合には上記3のとおり源泉徴収の対象としないことができますが、すべての金額をセミナーの講師に支払ったとのことですので、①～④のすべての金額について源泉徴収をする必要があります。

調査官はココを見る！

　振込票や領収証などから、講師に対しての支払金額について源泉徴収がされていない支払がないかや、源泉徴収税額に誤りがないか確認します。

コラム　給与所得の源泉所得税の税収について

　令和元年度の一般会計歳入予算によると所得税の税収は19兆9,340億円で、税目の中でトップとなっています。そのうち給与、利子、配当などに係る源泉所得税は16兆6,100億円となっています。

　令和元年分国税庁の民間給与実態統計調査の調査結果によると、1年を通じて勤務した給与所得者の税額の合計は10兆7,737億円であり、上記予算の所得税の税収のうち半分以上を占めている計算になります。

　そのため、税務調査においても源泉所得税は必ずチェックするポイントの一つとなっています。

1年を通じて勤務した給与所得者数、給与総額及び税額

区　分	給与所得者数		納税者割合 (b)/(a)	給与総額		税　額 (e)	税額割合	
	(a)	内 納税者 (b)		(c)	内 納税者 (d)		(e)/(c)	(e)/(d)
	千人	千人	％	億円	億円	億円	％	％
平成21年分	45,056	36,829	81.7	1,828,745	1,654,595	71,240	3.90	4.31
22	45,520	37,547	82.5	1,875,455	1,699,764	72,473	3.86	4.26
23	45,657	38,533	84.4	1,867,459	1,729,218	75,529	4.04	4.37
24	45,556	38,375	84.2	1,858,508	1,721,294	72,977	3.93	4.24
25	46,454	38,969	83.9	1,921,498	1,787,114	82,907	4.31	4.64
26	47,563	40,259	84.6	1,974,043	1,845,833	85,124	4.31	4.61
27	47,940	40,514	84.5	2,015,347	1,879,094	88,407	4.39	4.70
28	48,691	41,122	84.5	2,052,992	1,912,450	90,418	4.40	4.73
29	49,451	41,975	84.9	2,137,167	1,993,510	97,384	4.56	4.89
30	50,264	42,778	85.1	2,215,281	2,068,614	105,558	4.76	5.10
令和元	52,551	44,602	84.9	2,293,259	2,136,680	107,737	4.70	5.04

（出所：「令和元年分　国税庁民間給与実態統計調査」）

第 **4** 章

消費税関係

事例1

仕入税額控除について

当社は、今春、入社する新入社員のために新たに、社宅を借り上げ提供する予定です。

社宅の家賃については社員から徴収しますが、光熱費については、当社が電力会社、ガス会社と供給契約を締結し、当社が負担し、社員からは徴収しません。（無償提供とします。）

この場合に、当社が電力会社、ガス会社に支払う料金は消費税額の計算上、課税仕入れとすることができるのでしょうか。

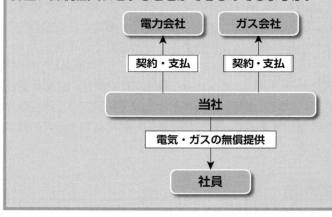

回答

電気・ガス料金に係る消費税は、全額、仕入税額控除の対象となります。

解説

1　課税仕入れについて

課税仕入れとは、事業者が、<u>事業として</u>他の者から資産を譲り受け、若しくは借り受け、又は役務の提供を受けることをいうと定義しています。

さらに、かっこ書きで、「当該他の者が<u>事業として</u>当該資産を譲渡し、若しくは貸付け、又は当該役務の提供をしたとした場合に課税資産の譲渡

等に該当することとなるもの」と具体的に規定しています。（消法２①十二）

　また、「事業者として」とは、対価を得て行われる資産の譲渡及び貸付け並びに役務の提供が反復、継続、独立して行われることをいうとされています。　　　　　　　　　　　　　　　　　　　　（消基通５−１−１）

２　貴社の社員のために負担する光熱費の課税仕入れについて

　課税仕入れに該当するか否かは、事業として対価を得て行われる資産の譲渡及び貸付け並びに役務の提供に該当するか否かで判断することになります。

　また、事業者が使用人等に金銭以外の資産を給付する場合のその資産の取得が課税仕入れに該当するかどうかは、<u>その取得が事業としての資産の譲受けであるかどうかを基礎として判断する</u>こととされています。

　　　　　　　　　　　　　　　　　　　　（消基通11−２−３）

　したがって、貴社が電力会社、ガス会社と供給契約を締結し支払う対価は、事業者（電力会社、ガス会社）が事業として対価を得て行う課税資産の譲渡等の対価に該当しますので、貴社が社員のために負担する光熱費は課税仕入れとなります。

　　調査官はココを見る！

　使用者が社員等のために負担する費用が課税仕入れに該当するか否かについては、使用者が資産の譲受の対価として支出した費用であるか否かを基礎として判断することとされています。

　したがって、社員等が資産の譲受けの対価として支出した費用を使用者が負担した場合には、その負担額は使用者の課税仕入れに該当しません。

事例2

郵便による輸出と輸出免税

当社は、Ａ国での日本の化粧品の人気が高いことから、Ａ国のＢ社向けに化粧品の輸出を検討しております。

Ｂ社からは、毎日、注文が入ることから納品に関しては郵便物による輸出を検討しております。

なお、価額が20万円を超える場合には、税関長に対する輸出手続きが必要だと聞いておりますが、なるべく面倒な手続きは避けたいと思い、郵便物を20万円以下とし、同一人に対し複数回に分けて輸出することも考えております。

郵便による輸出の場合には、輸出の証明は何を準備すればよいのでしょうか。また、同一人に対し、午前と午後に分けて郵便による輸出も考えております。

郵送により輸出する場合に留意すべき事項についてご教示をお願いします。

回答

郵便による輸出の場合には、同一受取人に2個以上に分けて差し出す場合の資産の価額はそれらの郵便物の価額の合計額によることとされています。仮に、貴社が分割して郵便により輸出し、その郵便物の価額の合計額が20万円を超えた場合には、**輸出の事実を税関長が証明した書類**がありませんので、輸出免税を受けられない可能性があります。

解説

1　輸出免税について

日本からの輸出として行われる資産の譲渡については消費税を免除することとされています。　　　　　　　　　　　　　　　　　　　（消法7①一）

ただし、消費税の免除を受けるためには資産の譲渡が輸出取引等であることの証明を行わなければなりません。　　　　　　　　　　　（消法7②）

2 輸出取引等の証明書類

　輸出には、貨物として輸出する場合と郵便物として輸出する場合がありますが、次の輸出取引等を証明する書類が必要とされています。

(1)貨物として輸出する場合

　貨物として輸出する場合には次のイ又はロの書類が必要となります。

（消規則5①一）

　イ　輸出許可証（税関長から交付を受ける輸出の許可があったことを証明する書類）

　ロ　輸出の事実を税関長が証明した書類

> （注）　輸出の事実は次の事項を記載した書類です。
> ○　輸出事業者の氏名又は名称
> ○　輸出事業者の住所等
> ○　輸出年月日
> ○　輸出資産の品名並びに品名ごとの数量及び価額

(2)郵便物として輸出する場合

　郵便物として輸出する場合には、帳簿への記載又は郵便物の受領書が必要となります。

（消規則5①二）

　イ　帳簿の記載事項

> ○　輸出年月日
> ○　輸出資産の内訳
> ○　郵便物の受取人の氏名及び住所等

　ロ　郵便物の受領書の記載事項

> ○　輸出した事業者の氏名又は名称
> ○　輸出した事業者の住所等
> ○　受取人の氏名及び住所等

○　受取年月日

3　郵便物として輸出する場合の留意事項

　郵便物として輸出する場合には、その郵便物の価額が20万円を超えるものと20万円以下のものとでは、輸出の事実を証明する書類が異なりますので注意が必要です。

(1)　郵便物の価額が20万円を超える場合

　郵便物として輸出する場合には次の書類が必要となります。

（消規則5①一、消基通7-2-23(1)ロ）

＊　輸出の事実を税関長が証明した書類

> （注）　輸出の事実は次の事項を記載した書類です。
> ○　輸出事業者の氏名又は名称
> ○　輸出事業者の住所等
> ○　輸出年月日
> ○　輸出資産の品名並びに品名ごとの数量及び価額

> （注）　輸出の時におけるその資産の価額が20万円を超えるかどうかの判定は、原則として郵便物1個当たりの価額によるが、**同一受取人に2個以上に分けて差し出す場合には、それらの郵便物の価額の合計額による**こととされています。
>
> （消基通7-2-23(1)ロ・(注)）

(2)　郵便物の価額が20万円以下の場合

　上記2(2)イ及びロの帳簿又は書類（受領書）

（消規則5①二、消基通7-2-23(1)ハ）

4　貴社の場合

　日用品あるいは化粧品をA国のB社へ郵送するに際し、輸出手続きが面倒なことから、同一人に対し1日に分割して郵送したいとのことですが、

上記3の（注）のとおり、同一人に対し郵便物として輸出する場合には、それらの郵便物の価額を合計することとされています。

　仮に、貴社が分割して郵便により輸出した場合には、その郵便物の価額の合計額が20万円を超えた場合には、**輸出の事実を税関長が証明した書類**がありませんので、輸出免税を受けられない可能性がありますので注意が必要です。

（参考）税関手続き等（外国へ郵便物を送る場合）

1．外国へ郵便物を送る場合の手続

■ （1）価格が20万円以下の場合（税関への輸出申告は不要です。）

　（イ）最寄りの郵便事業株式会社または郵便局（以下「郵便局等」といいます。）の窓口に備えている「税関票符」（グリーンラベル）又は「税関告知書」に必要事項を記入して郵便物に添付し、郵便局等に郵便物を差し出して下さい。

　（なお、一部の郵便局等では、国際郵便物を取り扱っていないのでご注意ください。）

　（ロ）受け付けられた郵便物は、税関外郵出張所がある郵便事業株式会社通関支店に集められ、そこで税関検査が行われた後、外国に向けて送り出されます。

　（ハ）なお、この税関検査の際、関税関係法令以外の法令により輸出の許可、承認が必要とされている品物があった場合には、税関外郵出張所から「輸出郵便物の通関手続について」というハガキが送付されますので、そこに記載されている手続を行ってください。

■ （2）価格が20万円を超える場合（税関への輸出申告が必要です。）

　（イ）価格が20万円を超える郵便物を外国に向けて送る場合には、税関への輸出申告が必要となります。

　（ロ）最寄りの郵便局等に郵便物を差し出す際に、郵便局等の窓口で通関手続の案内を受けて下さい。

　（ハ）通関手続の案内を受ける際に、郵便事業株式会社や他の通関業者（以下「通関業者等」といいます。）に通関手続を委任するか、郵便物の通関手続が行われる地域を管轄する税関外郵出張所等に差出人がご自身で通関手続を行うかを選択のうえ、郵便局等の窓口で申し出て下さい。

　（ニ）通関業者等に通関手続を委任する場合には、税関への申告の際に必要となる書類を通関業者等に確認したうえで、これらの書類を通関業者等に提出してください。

　なお、ご自身で通関手続（輸出申告）を行う際には、仕入書等の書類を税関に提出する必要がありますので、あらかじめ用意しておいてください。

　（ホ）税関での審査・検査が終了されると輸出が許可されます。

　通関業者等に通関手続を委任された場合には、郵便物は海外に向けて発送され、通関業者等から輸出許可書が差出人に送付されます。

　また、ご自身で通関手続を行った場合は、輸出許可書が交付されますので、郵便物が保管されている郵便事業株式会社通関支店等に許可書を提示して、搬出の指示を行ってください。その後、郵便物は海外に向けて発送されます。

以下省略

（出所：東京税関HPより抜粋）

調査官はココを見る！

　郵便物として輸出する場合には、同一受取人に2個以上に分けて差し出す場合の資産の価額はそれらの郵便物の価額の合計額によることとされています。

　したがって、郵便物として輸出する場合には、次の事項を確認することになります。

① 　輸出年月日

② 　輸出資産の内訳

③ 　郵便物の受取人の氏名及び住所等

新設法人が消費税について留意する事項

Q 当社は、事業拡大のために子会社を設立することになりました。
新設法人の場合でも課税事業者となる場合があると聞いております
が、消費税で留意する事項について教えてください。

回答

　新設法人は基準期間の課税売上がありませんので、**「事業者免税点
制度」**が適用され消費税の納税義務は免除されます。

　しかし、法人の資本金額、法人の株主構成、あるいは資産を取得し
た場合には、「事業者免税点制度」の適用が制限され、課税事業者と
なる場合がありますので、注意が必要です。

解説

1　事業者免税点制度について

　消費税法においては、中小企業者の事務負担に配慮し、事業者のそ
の課税期間の基準期間の課税売上高が1,000万円以下である場合には、
消費税の納税義務を免除しています。(以下「事業者免税点制度」と
いいます。)　　　　　　　　　　　　　　　　　　　　　　（消法9①）

2　事業者免税点制度が制限される場合
(1)　新設法人に対する資本金による制限

　その事業年度の基準期間がない法人のうち、その事業年度開始の
日における資本金の額等が1,000万円以上である法人（以下「新設
法人」といいます。)は、その法人の基準期間がない事業年度の消
費税は免除されません。　　　　　　　　　　　　　　（消法12の2①）

　したがって、設立1期目から課税事業者となります。

　3期目からは、納税義務の判定は原則どおり、基準期間の課税売

上高で納税義務を判定します。

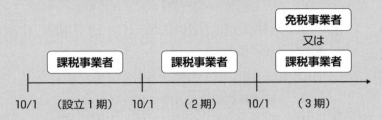

[事例　10/1設立・資本金1,000万円・9月決算]

(2) 新設法人が調整対象固定資産を取得した場合

　新設法人がその基準期間がない事業年度中に調整対象固定資産の取得を行った場合には、その取得日の属する課税期間からその課税期間の初日以後3年を経過する日の属する課税期間までの各課税期間については納税義務を免除されません。　　　　　（消法12の2②）

　したがって、設立1期目から課税事業者となります。

　4期目からは、納税義務の判定は原則どおり、基準期間の課税売上高で納税義務を判定します。

[事例　10/1設立・資本金1,000万円・9月決算]

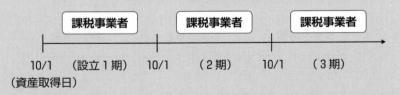

（資産取得日）

> （注）　調整対象固定資産とは、建物、構築物、機械及び装置、船舶、航空機、車両及び運搬具、工具、器具及び備品などをいいます。
> 　　　　　　　　　　　　　　　　　　　　　　　　　（消法2①十六）

(3) 特定新規設立法人の場合

　新規設立法人のうち、特定の者に、株式等の50%超を保有され、

その保有する者の課税売上高が5億円超であるもの（以下「特定新規設立法人」といいます。）は、その基準期間がない事業年度の消費税は免除されません。　　　　　　　　　　　（消法12の3①）

　したがって、設立1期目から課税事業者となります。

　3期目からは、納税義務の判定は原則どおり、基準期間の課税売上高で納税義務を判定します。

特定新規設立法人のイメージ

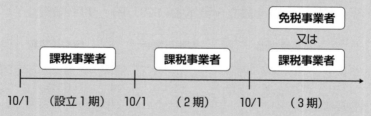

A社

課税売上高
5億円超

50%超出資

B社
特定新規設立法人

[事例　10/1設立・資本金500万円・9月決算]

		免税事業者
		又は
課税事業者	課税事業者	課税事業者

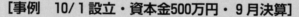

10/1　（設立1期）　10/1　（2期）　10/1　（3期）

事例3

事業譲渡と消費税

当社は、組織再編制の一環として、製造部門をS社に売却することになりました。

製造部門の譲渡による事業譲渡の対価は、譲渡する資産880百万円と負債800百万円の差額である80百万円と見込んでおります。

この場合に、消費税の課税標準に算入する課税資産の譲渡等の対価の金額は80百万円でよろしいでしょうか。ご教示をお願いいたします。

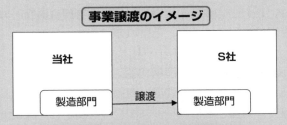

事業譲渡のイメージ

当社	譲渡	S社
製造部門	→	製造部門

譲渡する製造部門の資産と負債

資産		負債	
	（百万円）		（百万円）
製品	200	買掛金	500
建物	500	未払金	300
土地	300		
器具備品	30		
車両運搬具	50		
合計	1,080	合計	800

回答

事業譲渡による資産の移転については、消費税法上の事業者が行った資産の譲渡等に該当し、消費税が課税されます。

したがって、製品（200百万円）、建物（500百万円）、器具備品（30百万

円）及び車両運搬具（50百万円）の合計780百万円を課税資産の譲渡の対価として課税標準額に算入することになります。

解説

1 消費税法上の課税の対象

国内において事業者が行った資産の譲渡等及び特定仕入れには、消費税を課することとされています。 （消法4）

2 資産と非課税資産の区分

事業者が課税資産と非課税資産とを同一の者に対して同時に譲渡した場合においては、これらの資産の譲渡の対価の額を課税資産と非課税資産の対価の額に合理的に区分することとされています。 （消令45③）

3 事業譲渡の場合の課税資産等の譲渡の対価

事業の譲渡とは、事業に係る資産、負債の一切を含めて譲渡する契約ですので、譲渡する資産ごとに課税か非課税かを判定し、課税資産の譲渡等の譲渡の対価を算定します。

4 貴社の場合

(1) 貴社の事業譲渡の対象となる資産の課否判定

貴社の事業譲渡の対象となる資産の課否判定をすると次のようになります。

製品	200	（課税）
建物	500	（課税）
土地	300	（非課税）
器具備品	30	（課税）
車両運搬具	50	（課税）
合計	1,080	

(2) 課税標準に算入される課税資産の譲渡等の対価

　事業譲渡による資産の移転については、消費税法上の事業者が行った資産の譲渡等に該当し、消費税が課税されます。

　したがって、次の資産の譲渡の金額を課税標準に算入することになります。

　製品（200百万円）＋建物（500百万円）＋器具備品（30百万円）＋車両運搬具（50百万円）＝780百万円

調査官はココを見る！

　事業の譲渡とは、事業に係る資産、負債の一切を含めて譲渡する契約ですので、譲渡する資産ごとに課税か非課税かを判定し、課税資産の譲渡等の譲渡の対価を算定します。

事例 4

現物出資と消費税

当社は、次の製品、建物、土地、器具備品及び車両運搬具をS社に現物出資し、時価280百万円の株式を取得することになりました。

この場合に、消費税の課税標準に算入する課税資産の譲渡等の対価の金額はどのように算定するのでしょうか。

現物出資時の資産と負債

資産		負債	
	（百万円）		（百万円）
製品	200	買掛金	500
建物	500	未払金	300
土地	300		
器具備品	30		
車両運搬具	50		
合計	1,080	合計	800

回答

現物出資により資産を移転した場合には、消費税法上の事業者が行った資産の譲渡等に該当し、消費税が課税されます。

この場合には、現物出資により取得する株式の時価を基に課税標準を計算します。その結果、202百万円が課税標準に算入される金額となります。

$$280百万円 \times \frac{780百万円}{1,080百万円} = 202百万円$$

解説

1　消費税法上の課税の対象

国内において事業者が行った資産の譲渡等及び特定仕入れには、消費税を課することとされています。 （消法4）

2　資産と非課税資産の区分

　事業者が課税資産と非課税資産とを同一の者に対して同時に譲渡した場合において、これらの資産の譲渡の対価の額が課税資産の譲渡の対価の額と非課税資産の譲渡の対価の額とに合理的に区分されていない時は、その課税資産の譲渡等に係る消費税の課税標準は、次の按分計算を行います。

（消令45③）

$$資産の譲渡等の対価の額 \times \frac{課税資産（時価）}{課税資産（時価）＋非課税資産（時価）}$$

3　消費税法上の取扱い

　現物出資により資産を移転した場合には、消費税法上の事業者が行った資産の譲渡等に該当し、消費税が課税されます。

　この場合には、現物出資により取得する株式の時価を基に課税標準を計算します。その結果、202百万円が課税標準に算入される金額となります。

算式

$$取得有価証券の時価 \times \frac{課税資産（時価）}{課税資産（時価）＋非課税資産（時価）}$$

課非判定

製品	２００	（課税）
建物	５００	（課税）
土地	３００	（非課税）
器具備品	３０	（課税）
車両運搬具	５０	（課税）

課税標準額

$$280百万円 \times \frac{780百万円}{1,080百万円} = 202百万円$$

　現物出資により資産を移転した場合には、消費税法上の事業者が行った資産の譲渡等に該当し、消費税が課税されます。

　まず、現物出資の対象となる資産の課非判定を行います。

　次に、事業者が課税資産と非課税資産とを同一の者に対して同時に譲渡した場合において、これらの資産の譲渡の対価の額が課税資産の譲渡の対価の額と非課税資産の譲渡の対価の額とに合理的に区分されていない時は、その課税資産の譲渡等に係る消費税の課税標準は、次の按分計算を行います。

（按分計算）

$$資産の譲渡等の対価の額 \times \frac{課税資産（時価）}{課税資産（時価）＋非課税資産（時価）}$$

レクチャー②
課税事業者選択制度と簡易課税制度の改正の状況

Q 課税期間の基準期間における課税売上高が1,000万円以下である場合には、免税事業者となることは理解しておりますが、免税事業者のままでは、仕入に係る税額の還付が受けられないことから課税事業者選択制度の適用を受けようと考えております。

これまでの課税事業者選択制度と簡易課税制度の改正状況について合わせて教えてください。

回答

「課税事業者選択制度」と「簡易課税制度」に関しては、同制度を悪用する事例があることからこれまでの税制改正により利用を制限しております。

解説

1　事業者免税点制度について

消費税法においては、中小企業者の事務負担に配慮し、事業者のその課税期間の基準期間の課税売上高が1,000万円以下である場合には、消費税の納税義務を免除しています。（以下「事業者免税点制度」といいます。）　　　　　　　　　　　　　　　　　　　　（消法9①）

2　課税事業者選択制度について

消費税の納税が免除される者が、その課税期間に係る基準期間における課税売上高が1,000万円以下である課税期間について、課税事業者となることを選択する**「消費税課税事業者選択届出書」**をその所轄税務署長に提出した場合には、その提出をした事業者はその提出をした日の属する課税期間の翌課税期間以後の課税期間中に国内において行う課税資産の譲渡及び特定課税仕入については、納税の義務を免

除されません。 （消法9④）

3 「課税事業者選択制度」と「簡易課税制度」の利用制限

　課税事業者選択制度と簡易課税制度に関しては、同制度を悪用する事例があることから、これまでに、税制改正により利用を制限している現状があります。税制改正の状況は次のとおりとなります。

平成22年度改正

改正年度	改正の内容
22年度改正	(1) **課税選択の強制適用期間の延長（2年→3年）** ⇩ 「課税事業者選択届出書」の提出により課税事業者となった初日から同日以後2年を経過する日までの間に開始した各課税期間中（申告は一般課税）に国内における調整対象固定資産の課税仕入れ又は調整対象固定資産に該当する課税貨物の保税地域からの引き取りを行った場合には、その調整対象固定資産の仕入れ等の日の属する課税期間の初日から3年を経過する日の属する課税期間の初日以後でなければ、「課税事業者選択不適用届出書」を提出できない。 （消法9⑦） ⇩ **改正前のイメージ** 課税事業者（1年目）｜課税事業者（2年目）｜免税事業者（3年目） ⇩ **改正後のイメージ** ←調整対象固定資産の取得→ 課税事業者（1年目）｜課税事業者（2年目）｜課税事業者（3年目）｜免税事業者（4年目）

（注）　調整対象固定資産とは建物、構築物、機械及び装置、船舶、航空機、車両及び運搬具、工具、器具及び備品などをいいます。　　　　（消法2①十六）

第2号様式

消費税課税事業者選択不適用届出書

収受印			
平成　年　月　日　　　　　　　税務署長殿	届　出　者	（フリガナ）	
		納　税　地	（〒　－　） （電話番号　－　－　）
		（フリガナ）	
		氏名又は名称及び代表者氏名	印
		個人番号又は法人番号	↓　個人番号の記載に当たっては、左端を空欄とし、ここから記載してください。

下記のとおり、課税事業者を選択することをやめたいので、消費税法第9条第5項の規定により届出します。

①	この届出の適用開始課税期間	自平成　年　月　日　　至平成　年　月　日
②	①の基準期間	自平成　年　月　日　　至平成　年　月　日
③	②の課税売上高	円

※　この届出書を提出した場合であっても、特定期間（原則として、①の課税期間の前年の1月1日（法人の場合は前事業年度開始の日）から6か月間）の課税売上高が1千万円を超える場合には、①の課税期間の納税義務は免除されないこととなります。詳しくは、裏面をご覧ください。

課税事業者となった日	平成　年　月　日
事業を廃止した場合の廃止した日	平成　年　月　日
提出要件の確認	課税事業者となった日から2年を経過する日までの間に開始した各課税期間中に調整対象固定資産の課税仕入れ等を行っていない。　　はい□ ※　この届出書を提出した課税期間が、課税事業者となった日から2年を経過する日までの間に開始した各課税期間である場合、この届出書提出後、届出を行った課税期間中に調整対象固定資産の課税仕入れ等を行うと、原則としてこの届出書の提出はなかったものとみなされます。詳しくは、裏面をご確認ください。
参　考　事　項	
税理士署名押印	印 （電話番号　－　－　）

※税務署処理欄	整理番号		部門番号			
	届出年月日	年　月　日	入力処理	年　月　日	台帳整理	年　月　日
	通信日付印　確認印		番号確認	身元確認　□済　□未済	確認書類	個人番号カード／通知カード・運転免許証 その他（　　　）
	年　月　日					

注意　1．裏面の記載要領等に留意の上、記載してください。
　　　2．税務署処理欄は、記載しないでください。

平成22年度改正

改正年度	改正の内容

（2） 資本金1,000万円以上の新設法人に対する事業者免税点

⇩

「資本金1,000万円以上の新設法人」が、その基準期間がない事業年度に含まれる各課税期間中に**調整対象固定資産の仕入れ等**を行った場合（申告は一般課税）には、その調整対象固定資産の仕入れ等の属する課税期間からその課税期間の初日以後３年を経過する日の属する課税期間までの各課税期間については納税義務を免除しない。 （消法12の２②）

⇩

22年度改正

改正前のイメージ
（設立１期目に調整対象固定資産を取得）

調整対象固定
資産の取得

課税事業者 （設立１期目）	課税事業者 （設立２期目）	免税事業者 （設立３期目）

⇩

改正後のイメージ
（設立１期目に調整対象固定資産を取得）

調整対象固定
資産の取得

課税事業者 （設立１期目）	課税事業者 （設立２期目）	課税事業者 （設立３期目）	免税事業者 （設立４期目）

平成22年度改正

改正年度	改正の内容
22年度改正	**(3)　簡易課税制度の適用の見直し** ⬇ 「課税事業者選択届出書」の提出により課税事業者となった初日から同日以後2年を経過する日までの間に開始した各課税期間中に国内において調整対象固定資産の仕入れ等を行った場合には、その**調整対象固定資産の仕入れ**等の日の属する課税期間の初日から同日以後3年を経過する日の属する課税期間の初日の前日までの期間「**消費税簡易課税制度選択届出書**」を提出できない。 （消法37③一） 「**資本金1,000万円以上の新設法人**」が、その基準期間がない事業年度に含まれる各課税期間中に**調整対象固定資産の仕入れ**等を行った場合には、その調整対象固定資産の仕入れ等の日の属する課税期間の初日から同日以後3年を経過する日の属する課税期間の初日の前日までの期間「**消費税簡易課税制度選択届出書**」を提出できない。 （消法37③二） ⬇ **改正後のイメージ（設立1期目に調整対象固定資産を取得）** ◀調整対象固定資産の取得▶ | 一般課税（設立1期目）	一般課税（設立2期目）	一般課税（設立3期目）	簡易課税（設立4期目）	

改正年度	改正の内容

事業者免税点の判定に特定期間を設定

個人事業者又は法人事業者の基準期間の課税売上高が
1,000万円以下である場合において、それらの**特定期間**に
おける課税売上高が1,000万円を超えるときは納税義務を
免除しない。　　　　　　　　　　　　　　（消法9の2①）

改正前のイメージ（3月決算法人の場合）

（前々事業年度） 26.4/1 〜 27.3/31	（前事業年度） 27.4/1 〜 28.3/31	（当期事業年度） 28.4/1 〜 29.3/31
基準期間		課税期間
課税売上高 1,000万円以下	課税売上高 1,000万円超	**免税事業者**

改正後のイメージ（3月決算法人の場合）

（前々事業年度） 26.4/1 〜 27.3/31	（前事業年度） 27.4/1 〜 28.3/31	（当期事業年度） 28.4/1 〜 29.3/31
基準期間	特定期間 （4/1 〜 9/30）	課税期間
課税売上高 1,000万円以下	課税売上高 1,000万円超	**課税事業者**

（消法9の2④二）

（注）　特定期間について
①　法人の場合は「前事業年度」の6月間が特定期間
　となる場合と「前々事業年度」の6月期間が特定期
　間となる場合あり。
②　個人事業者の場合はその年の前年1月1日から6
　月30日までの6月間　　　　　（消法9の2④三）

（改正年度：23年度改正）

平成24年度改正

改正年度	改正の内容
24年度 改正	(1)　特定新規設立法人の事業者免税点制度の不適 ⇩ 　新規設立法人（資本金の額等が1,000万円未満の法人）のうち次の要件のいずれにも該当する**特定新規設立法人**については、その特定新規設立法人の基準期間がない事業年度に含まれる各課税期間においては、納税義務を免除しない。 （消法12の３①） (1)　その基準期間がない事業年度の開始の日において、他の者によりその新規設立法人の株式等の50％超を直接又は間接に保有される場合など、他の者によりその新規設立法人が支配される一定の場合（以下「特定要件」といいます） (2)　上記(1)の特定要件に該当するかの判定の基礎となった他の者及びその他の者と一定の特殊な関係にある法人のうちいずれかの者のその新規設立法人のその事業年度に相当する期間の課税売上高が５億円を超えていること ⇩ **特定新規設立法人のイメージ**

課税売上
５億円超

A社

50％超出資

B社
特定新規設立法人

平成24年度改正

改正年度	改正の内容
24年度 改正	(2) 簡易課税制度の適用の見直し ⇩ 「特定新規設立法人」が、その基準期間がない事業年度に含まれる各課税期間中に調整対象固定資産の仕入れ等を行った場合には、その**調整対象固定資産**の仕入れ等の日の属する課税期間の初日から同日以後3年を経過する日の属する課税期間の初日の前日までの期間「**消費税簡易課税制度選択届出書**」を提出できない。 （消法37③二） ⇩ 改正のイメージ

調整対象固定
←――――→
資産の取得

一般課税 （設立1期目）	一般課税 （設立2期目）	一般課税 （設立3期目）	簡易課税 （設立4期目）

平成28年度改正

改正年度	改正の内容
28年度改正	**(1) 高額特定資産を取得した場合の事業者免税点の適用の見直し** ⇩ 事業者が課税期間中（一般課税の申告）に国内における**高額特定資産の仕入れ**又は高額特定資産に該当する課税貨物の保税地域からの引取りを行った場合には、その高額特定資産の仕入れ等の日の属する課税期間の翌課税期間からその高額特定資産の仕入れ等の日の属する課税期間の初日以後３年を経過する日の属する課税期間までの各課税期間においては、納税の義務を免除しない。　　　　　　　（消法12の４①） ⇩ **改正のイメージ**

高額特定
資産の取得

課税事業者 （１年目）	課税事業者 （２年目）	課税事業者 （３年目）	免税事業者 （４年目）

(注)　高額特定資産とは
　棚卸資産又は調整対象固定資産であって、一の取引の単位につき、支払対価の額（税抜）が1,000万円以上のものをいいます。

平成28年度改正

改正年度	改正の内容

(2) 簡易課税制度の適用の見直し

⇩

　高額特定資産の仕入れ等の日の属する課税期間の初日から同日（その高額特定資産が自己建設高額特定資産である場合にあっては、その自己建設高額特定資産の建設等が完了した日の属する課税期間の初日）以後3年を経過する日の属する課税期間の初日の前日までの期間「消費税簡易課税制度選択届出書」を提出できない。

(消法37③三)

⇩

改正のイメージ

28年度改正

高額特定
資産の取得

一般課税 （1期目）	一般課税 （2期目）	一般課税 （3期目）	簡易課税 （設立4期目）

事例 5

新設法人と「消費税課税事業者選択届出書」

> 　当社は、この度、事業拡大のために平成30年 4 月 1 日に子会社Ｂ社（ 3 月決算法人）を設立することになりました。
> 　Ｂ社は設立後、事業開始のために、事務所の賃貸契約、応接セット・事務機器の購入を予定しております。
> 　設立届出書と同時に「消費税課税事業者選択届出書」を税務署に提出しますが、「消費税課税事業者選択届出書」の効力は、いつの課税期間から効力が生じるのでしょうか。

回答

「消費税課税事業者選択届出書」を提出した日の属する課税期間が「国内において課税資産の譲渡等に係る事業を開始した日の属する課税期間」の場合には、その課税期間から課税事業者となります。

　新設法人の場合は、「新設法人の設立の日の属する課税期間」が「国内において課税資産の譲渡等に係る事業を開始した日の属する課税期間」となります。

　したがって、貴社の場合は、設立の日の属する課税期間（平成30年 4 月 1 日〜平成31年 3 月31日）から課税事業者となります。

解説

1　小規模事業者に係る納税義務の免除について

　事業者のうち、その課税期間に係る基準期間における課税売上高が1,000万円以下である者（小規模事業者）については消費税の納税が免除されています。 　　　　　　　　　　　　　　　　　　　　　　　（消法 9 ①）

2　課税事業者の選択

　上記 1 の消費税の納税が免除される者が、その課税期間に係る基準期間における課税売上高が1,000万円以下である課税期間について、課税事業

者となることを選択する**「消費税課税事業者選択届出書」**をその所轄税務署長に提出した場合には、その提出をした事業者が、その提出をした日の属する課税期間の翌課税期間以後の課税期間中に国内において行う課税資産の譲渡及び特定課税仕入れについては、納税の義務を免除しないことになります。

　この場合に、「消費税課税事業者選択届出書」を提出した日の属する課税期間が「国内において課税資産の譲渡等に係る事業を開始した日の属する課税期間」の場合には、その課税期間から課税事業者となります。

（消法9④）

3　新設法人の「消費税課税事業者選択届出書」の効力の発生する課税期間

　事業者が法人の場合には、「国内において課税資産の譲渡等に係る事業を開始した日の属する課税期間」とは、原則として、新設法人の設立の日の属する課税期間をいいます。

（消基通1-4-7）

　したがって、貴社の場合は、設立の日の属する課税期間（平成30年4月1日～平成31年3月31日）から課税事業者となります。

調査官はココを見る！

　新設法人が**「消費税課税事業者選択届出書」**を提出し、課税事業者を選択している場合には、消費税の還付が多額であることから、課税仕入れの内容について次の点について確認が行われることになります。
　(1)　課税仕入れの内容
　(2)　課税仕入れの時期

事例6

個人事業者と給与所得者の区分

　当社は、都内で有料老人ホームを経営しています。

　厚生労働大臣の認可を受けている職業紹介所から入居者の身の回りの世話をする職員の派遣を受けております。

　職員の作業は、ホームの施設内において、当ホームが作成したスケジュールに従って行っております。

　また、作業着等の必要なものは全て当ホームが職員に支給しています。

　今回、職業紹介所から派遣された職員の報酬と紹介手数料の請求がありました。

　紹介手数料には消費税が課税されております。

　職員の報酬には消費税が課税されていませんが、課税仕入れとすることができるのでしょうか。

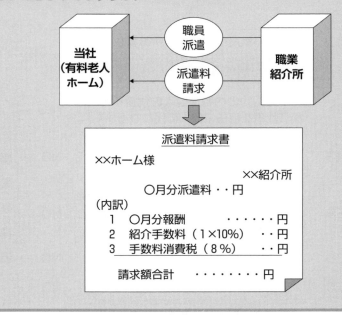

回答

　職業紹介所に支払う金額のうち派遣された職員の報酬については、給与所得に該当し、消費税の課税対象となりませんので、課税仕入れとすることはできません。

　紹介手数料については、課税資産の譲渡等（役務提供の対価）となりますので消費税の課税仕入れとすることができます。

解説

1　個人事業者と給与所得者の区分（実務上の判断基準）

　個人から役務の提供が行われる場合に、その個人に支払う報酬が課税仕入れに該当するか否かの判定に際しては、次の判定項目（①〜⑥）により個人事業所得者か給与所得者かの判定を行います。　　　（消基通1-1-1）

2　貴社の場合

　有料老人ホームに派遣された職員が個人事業所得者であれば、その職員の報酬は課税仕入れとすることができますが、給与所得者である場合には、その報酬は課税仕入れとすることはできません。

　個人事業所得者か給与所得者かの区分に際しては、上記1の判定項目（①～⑥）を総合勘案し判断します。

　その結果、職業紹介所は貴社に対し職員を紹介するだけですので、貴社と職員の関係は次の(1)～(3)の勤務状況等から雇用関係があることになります。

　したがって、職員に支給する報酬は給与になりますので、消費税の計算上は課税仕入れとはなりません。（貴社が職業紹介所に職員の報酬を支払う際に、給与として源泉徴収する必要があります。）

- (1)　派遣された職員は、貴社の有料老人ホーム内で役務提供を行っている。
- (2)　派遣された職員は、貴社が作成したスケジュールにより入所者の身の回りの世話をしている。
- (3)　作業着等の作業に必要なものは、全て貴社から支給されている。

調査官はココを見る！

> 　個人の役務提供の対価が給与に該当するか報酬に該当するかでは、消費税の計算上大きな違いがあります。
>
> 　役務提供の対価が給与に該当する場合には、給与は消費税の計算上、不課税仕入れとなります。
>
> 　一方、役務提供の対価が報酬に該当する場合には、報酬は消費税の計算上、課税仕入れとなります。
>
> 　調査の際には、個人に対する支払が報酬として課税仕入れとして経理されている場合には、給与か報酬かの判定を行うことになります。

レクチャー③

国境を超えた役務の提供に係る消費税

Q 米国のＡ社はインターネットを通じて電子書籍を全世界に配信する企業ですが、この度、アジア地域における事業拡大のため日本に電子書籍を配信することになりました。日本においては、電子書籍の配信について消費税が課税されると聞きましたが、具体的な取扱いについて教えてください。

回答

米国のＡ社の電子書籍の配信は、消費税法上、「電気通信利用役務の提供」に該当し、事業者向けの配信であれば、その配信を受けた事業者が消費税を納税することになり、事業者向け以外の配信であれば、Ａ社が消費税を納税することになります。

解説

1 内外判定基準の見直し

(1) 平成27年度税制改正以前の課税の対象と納税義務者

平成27年度税制改正以前（以下「改正前」といいます。）の課税対象については、「国内において事業者が行った資産の譲渡等」と、また、納税義務者については、「事業者は、国内において行った課税資産の譲渡等につき、この法律により、消費税を納める義務がある。」と規定されていました。

(2) 改正前の「国内において事業者が行った課税資産の譲渡等」とは

改正前の「国内において行った」か否かの判定（以下「内外判定基準」といいます。）は、「資産の譲渡又は貸付け」については、その資産が所在していた場所によって、また、「役務の提供」については、その役務の提供が行われた場所によって判定していま

150

した。

すなわち、資産の譲渡の時に国内に資産が所在していた場合、また、役務の提供が国内において行われた場合には、「国内において事業者が行った課税資産の譲渡等」として課税対象とし、事業者には納税義務を課していました。

(3)　内外判定基準見直しの背景

海外の事業者（以下「国外事業者」といいます。）が、国境を越えて国内の事業者や消費者に対して行う**電子書籍・音楽・広告の配信等の役務の提供**については、国外取引とされていましたが、結果として、こうした役務の提供については、提供者の違いによって最終的な税負担に差異が生じることとなり、国内外の事業者間で競争条件に歪みが生じている状況にありました。

こうした国内外の事業者間で競争条件に不均衡が生じている状況を是正する観点から平成27年度税制改正において内外判定基準の見直しが行われました。

（出所：国税庁「平成27年税制改正のすべて」）

2　新しい内外判定基準

(1)　平成27年度改正後の「国内において事業者が行った課税資産の譲渡等」とは資産の譲渡等のうち役務の提供については、電気通信回線（以下「インターネット」といいます。）を介して行う役務提供とそれ以外の役務提供に区分し、インターネットを介して行う役務の提供については「電気通信利用役務の提供」として定義しました。

電気通信利用役務の提供」については、「国内において行った」か否かの判定は、役務の提供を受ける者の住所等で判定することになりました。　　　　　　　　　　　　　　　　　（消法4③三）

すなわち、役務の提供を受ける者の住所等が国内にあれば、「国内において事業者が行った課税資産の譲渡等」として課税の対象となります。

(2) 適正な税務行政執行のための立法措置

　国外の事業者が行う「電気通信利用役務の提供」については、その役務の提供を受ける者の住所等が国内にあれば、国外の事業者に納税義務を課すことになります。

　しかし、国内に拠点を有しない国外の事業者に納税義務を課すには、限界があると考えられます。

（出所：国税庁「平成27年税制改正のすべて」）

(3) リバースチャージ方式の採用

　平成27年度改正では、「電気通信利用役務の提供」を「事業者向け電気通信利用役務の提供」と「事業者向け電気通信利用役務の提供以外の役務の提供（以下「消費者向け電気通信利用役務の提供」に区分し、「事業者向け電気通信利用役務の提供」については、その役務の提供を受ける事業者（課税仕入れを行った事業者）に納税義務を課す**リバースチャージ方式**を採用することになりました。

（消法5①）

図解

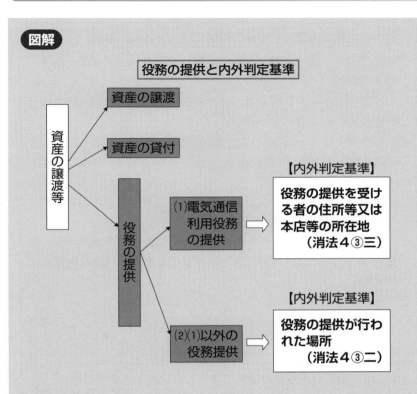

役務の提供と内外判定基準

資産の譲渡等 →

- 資産の譲渡
- 資産の貸付
- 役務の提供
  - (1)電気通信利用役務の提供 → 【内外判定基準】 **役務の提供を受ける者の住所等又は本店等の所在地** （消法4③三）
  - (2)(1)以外の役務提供 → 【内外判定基準】 **役務の提供が行われた場所** （消法4③二）

3 電気通信利用役務の提供

「電気通信利用役務の提供」とは、資産の譲渡等のうち、インターネットを介して行われる著作物の提供その他の電気通信回線を介して行われる役務の提供であって、他の資産の譲渡等の結果の通知その他の資産の譲渡等に付随して行われる役務の提供以外のものをいいます。

　貴社の電子書籍は著作物に該当しますので、インターネットを通じた電子書籍の配信は、消費税法上、「電気通信利用役務の提供」に該当します。　　　　　　　　　　　　　　　　　　　（消法2八の三）

電気通信利用役務の提供に該当する取引事例

○　電子書籍、電子新聞、音楽、映像、ソフトウエア（ゲーム等）などの配信

○　クラウド上のソフトウエアやデータベースなどを利用させるサービス

○　インターネット等を通じた広告の配信・掲載

○　インターネット上のショッピングサイト・オークションサイトを利用させるサービス

○　ソフトウエアやゲームアプリなどをインターネット上で販売するための場所（WEBサイト）を利用させるサービス

○　インターネットを介して行う宿泊予約、飲食店予約サイトへの掲載等（宿泊施設、飲食店等を経営する事業者から掲載料等を徴するもの）

○　インターネットを介して行う英会話教室

○　電話を含む電気通信回線を介して行うコンサルテーションなど
（出所：国税庁「平成27年改正税法のすべて」）

電気通信利用役務の提供に該当しない取引事例（通信）

○　電話、FAX、電報、データ伝送、インターネット回線の利用など、他者間の情報伝達を単に媒介するサービス（通信）
（出所：国税庁「平成27年改正税法のすべて」）

電気通信利用役務の提供に該当しない取引事例
（他の資産の譲渡等の結果の通知その他の他の資産の譲渡等に付随して行われる役務）

○　国外事業者に依頼したソフトウエアの制作等

　ソフトウエアの制作を国外事業者に依頼した場合のインターネットを介して行われる成果物の受領や制作過程の指示などソフトウエアの制作に付随した行為

○　国外に所在する資産の管理・運用等（ネットバンキングを含

む。）

　国外に所在する資産の運用、資金の移動等の指示、状況・結果報告等資産の管理・運用に付随した行為（ただし、クラウド上の資産運用ソフトの利用料金などを別途受領する場合には、その部分は、電気通信利用役務に該当する。）
○　国外事業者に依頼する情報の収集・分析等
　　インターネット等を介して行われる情報の収集・分析結果報告等、情報の収集・分析結果報告等に付随した行為（ただし、他の事業者の依頼によらずに自身が収集・分析した情報を閲覧させたり、インターネットを通じて利用させたりするサービスは、電気通信利用役務に該当する。）
○　国外の法律専門家等に依頼して行う国外での訴訟等
　　インターネット等を介して行われる訴訟の状況報告等、国外における訴訟遂行という役務に付随した行為

（出所：国税庁「平成27年改正税法のすべて」）

4　事業者向け電気通信利用役務の提供
(1)　事業者向け電気通信利用役務の提供とは
　　国外事業者が行う「電気通信利用役務の提供」のうち、その役務の性質又はその役務の提供の条件からその役務の提供を受ける者が通常事業者に限られるものを「事業者向け電気通信利用役務の提供」といいます。　　　　　　　　　　　　（消法2八の四）

(2)　「事業者向け電気通信利用役務の提供」を行う国外事業者の義務
　　「事業者向け電気通信利用役務の提供」を行う国外事業者は、その役務の提供の際に、その役務の提供を受ける国内事業者に対し、リバースチャージによる納税義務が発生する旨を表示しなければなりません。　　　　　　　　　　　　　　　　　　　　　　（消法62）

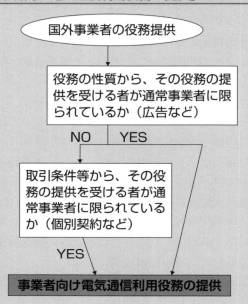

「事業者向け電気通信利用役務の提供」のイメージ

国外事業者の役務提供

役務の性質から、その役務の提供を受ける者が通常事業者に限られているか（広告など）

NO　　YES

取引条件等から、その役務の提供を受ける者が通常事業者に限られているか（個別契約など）

YES

事業者向け電気通信利用役務の提供

（注）　国外事業者とは

　　国外事業者とは所得税法第2条第1項第5号に規定する非居住者である個人と法人税法第2条第4号に規定する外国法人をいいます。　　　　　　　　　　　　　　　　　　　　　　（消法2四の二）

5　課税の対象

　課税の対象は、国内において事業者が行った資産の譲渡等（特定資産の譲渡に該当するものを除く。）と特定仕入れが対象となりました。

（消法4①）

（注）　特定資産の譲渡等とは

　　特定資産の譲渡等とは「事業者向け電気通信利用役務の提供」と「特定役務の提供」をいいます。　　　　　　　　（消法2八の二）

（注）　特定仕入れとは

　　特定仕入れとは事業として他の者から受けた「特定資産の譲渡

等」をいいます。

　具体的には、「事業者向け電気通信利用役務の提供」についてはリバースチャージ方式により役務の提供を受ける者（課税仕入れを行った者）に課税することとなったことから、消費税法第4条第1項の規定においては、資産の譲渡等から「事業者向け電気通信利用役務の提供」である特定資産の譲渡を除き、「事業者向け電気通信利用役務の提供」を特定仕入れとして課税することとなりました。（消法4①かっこ書き）

6　納税義務者

　事業者は、国内において行った課税資産の譲渡等（特定資産の譲渡等に該当するものを除く）及び特定課税仕入れ（課税仕入れのうち特定仕入れに該当するものをいう。）につき消費税を納める義務があります。　　　　　　　　　　　　　　　　　　　　　　（消法5①）

　これについては、次の経過措置が規定されております。

（経過措置の適用）

　国内において特定課税仕入れを行う事業者の改正法の適用日を含む課税期間以後の各課税期間において、その課税期間の課税売上割合が95％以上である場合、また、その課税期間が簡易課税の適用を受ける場合には、当分の間、その課税期間中行った特定課税仕入れはなかったものとする経過措置が適用されます。

（改正法附則42、44②）

　したがって、課税売上割合が95％以上である課税期間、また、簡易課税の適用を受ける課税期間については、当分の間、リバースチャージによる課税が行われないことになります。

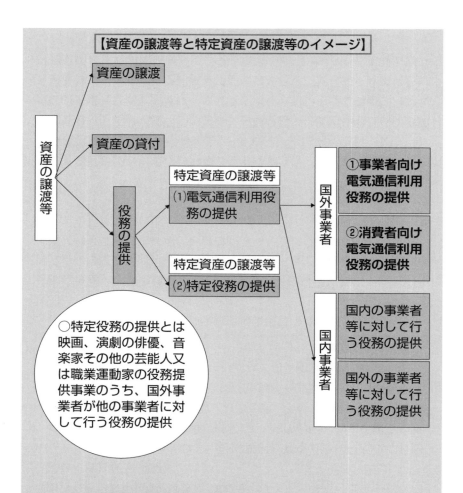

【資産の譲渡等と特定資産の譲渡等のイメージ】

資産の譲渡

資産の貸付

資産の譲渡等

役務の提供

特定資産の譲渡等
(1)電気通信利用役務の提供

特定資産の譲渡等
(2)特定役務の提供

○特定役務の提供とは映画、演劇の俳優、音楽家その他の芸能人又は職業運動家の役務提供事業のうち、国外事業者が他の事業者に対して行う役務の提供

国外事業者

①事業者向け電気通信利用役務の提供

②消費者向け電気通信利用役務の提供

国内事業者

国内の事業者等に対して行う役務の提供

国外の事業者等に対して行う役務の提供

7　特定課税仕入れの課税標準

　特定課税仕入れの課税標準は、その特定課税仕入れに係る支払い対価の額（対価として支払い、又は支払うべき一切の金銭又は金銭以外の物若しくは権利その他の経済的な利益の額をいう。）となります。

(消法28②)

8　「消費者向け電気通信利用役務の提供」に係る仕入税額控除の制限と登録国外事業者制度

⑴　仕入税額控除の制限

　国外の事業者が行う「電気通信利用役務の提供」については、その役務の提供を受ける者の住所等が国内にあれば、国外の事業者に納税義務を課すことになります。

　しかし、国内に拠点を有しない国外の事業者に納税義務を課すには、限界があることから、「消費者向け電気通信利用役務の提供」については、当分の間、仕入税額控除の対象外とする経過措置が規定されております。

　ただし、**登録国外事業者から受けた「消費者向け電気通信利用役務の提供」**については、その仕入税額控除を行うことができます。

（経過措置）

　事業者が、改正法適用日以降に行った課税仕入れのうち国外事業者から受けた電気通信利用役務の提供に係るものについては、当分の間、改正法の規定（仕入税額控除）は適用しない。ただし、その国外事業者のうち登録国外事業者に該当する者から受けた電気通信利用役務の提供についてはこの限りでない。

（改正法附則38）

⑵　登録国外事業者とは

　登録国外事業者とは、国税庁長官の登録を受けた国外事業者をいいます。国外事業者とは、非居住者と外国法人をいいます。

⑶　登録国外事業者制度の目的

　国外事業者から受けた消費者向け電気通信利用役務の提供については、原則として、仕入税額控除制度の適用が認められません。

　しかし、消費税の申告納税を適正に行う国外事業者については、その国外事業者に対し国税庁長官が登録番号を付与し、その国外

事業者から役務の提供に係る消費税の仕入税額の控除を認めるものです。

(4) 登録国外事業者の登録申請

　　国税庁長官の登録を受けようとする国外事業者は、次の「登録国外事業者の登録申請書」により登録を申請し、国税庁長官が登録の可否を判断します。

第36号様式

登録国外事業者の登録申請書

収受印	氏名又は名称	日本語表記 ◎	
令和　年　月　日		英語表記	
		【参考】自国語表記	
申	法人番号		
	代表者氏名	日本語表記	
請		英語表記	
	納税地	(〒　　　－　　　)	
			(電話番号　　－　　－　　)
者	国内に住所又は居所（事業者にあっては、本店又は主たる事務所の所在地）を有しない場合	日本語表記 ◎	
税務署長経由		英語表記	
国税庁長官　殿			(電話番号　＋　－　　－　　)

この申請書に記載した次の事項（◎印欄）は国税庁ホームページで公表されます。
1　申請者の氏名又は名称（日本語表記及び英語表記）
2　国外の住所等（英語表記）
3　国内において行う電気通信利用役務の提供（事業者向け電気通信利用役務の提供を除きます。）に係る国内に有する事務所、事業所その他これらに準ずるもの（以下「事務所等」といいます。）の所在地

下記のとおり、登録国外事業者としての登録を受けたいので、所得税法等の一部を改正する法律（平成27年法律第9号）附則第39条第2項の規定により申請します。

事務所等又は税務代理人	□ 事務所等の所在地　又は　□ 税務代理人の事務所の所在地	(〒　　　－　　　) (電話番号　　－　　－　　)
	事務所等の責任者氏名　又は　税務代理人の氏名等	
連絡先	住所	(〒　　　－　　　) (電話番号　　－　　－　　)
	（フリガナ） 氏名又は名称	
電気通信利用役務の提供の内容		
事業年度	自　　月　　日 至　　月　　日	
税理士署名		(電話番号　　－　　－　　)

税務署処理欄	整理番号		部門番号		申請年月日	年　月　日
	入力年月日	年　月　日	番号確認			

注意　1　記載要領等に留意の上、記載してください。
　　　2　税務署処理欄は、記載しないでください。
　　　3　この申請書を提出するときは、「登録国外事業者の登録申請書（次葉）」を併せて提出してください。

事例7

工事進行基準を採用している場合の消費税の資産の譲渡等の時期

当社は建築業を営んでいます。毎年の損益を平準化させるため、長期大規模工事以外についても工事進行基準にて収益を計上しています。しかし、資金繰りの関係から、消費税については工事が終了し、完成引渡しのあった日を資産の譲渡等の時期としたいと考えていますが、よろしいでしょうか。

回答

工事進行基準を適用して法人税の所得金額の計算をしている場合であっても、消費税については資産の譲渡等の時期をその引渡しのあった日とすることができます。

解説

1　請負収益の計上時期

法人税の所得の計算上、請負工事等についての収益計上時期については以下の収益基準があります。

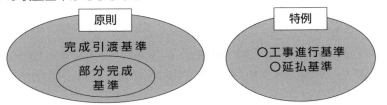

（法法64、法令129、法基通2-1-1の4）

2　工事進行基準とは

上記1のとおり建設工事等の請負収益は、原則目的物を引渡した日に収益を計上しますが、以下の場合は仕掛中の事業年度において工事の進行に応じ収益に計上することになります。

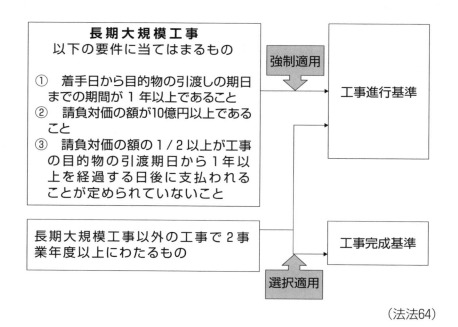

（法法64）

3　消費税法上の取扱い

　請負工事等による資産の譲渡等について、法人税法上の工事進行基準により経理することとしている時は、消費税においてもこれらの収入金額が計上された事業年度において、その部分の課税資産の譲渡等を行ったものとすることができることとされています。

　また、法人税法の所得金額の計算上、工事進行基準を採用している場合であっても、資産の譲渡等の時期を工事進行基準による収入金額が計上された事業年度ではなく、その引渡しのあった日によることとすることができます。

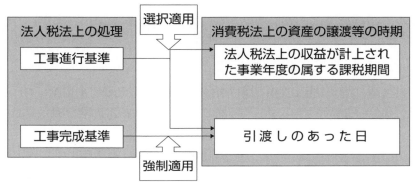

（消法17①②、消基通９−４−１）

４　貴社の場合

　貴社の場合、法人税の所得金額の計算上、工事進行基準を採用しているとのことですが、この場合であっても消費税においては、完成引渡しのあった日を資産の譲渡等の時期とすることができます。

５　参考〜部分完成基準について〜

　ところで、事業者が請け負った建設工事等について、次に掲げるような事実がある場合には、その建設工事等の全部が完成しないときであっても、その課税期間において引渡した建設工事等の量又は完成した部分に対応する工事代金に係る資産の譲渡等の時期については、その引渡しを行った日となるため、注意が必要です（工事進行基準を採用している場合を除く）。

> (1)　一の契約により同種の建設工事等を多量に請け負ったような場合で、その引渡し量に従い工事代金を収入する旨の特約又は慣習がある場合

　例えば、10戸の建売住宅の建設を請け負った場合に、１戸完成するごとに引渡し工事代金を収受する旨の契約の場合です。

(2)　1個の建設工事等であっても、その建設工事等の一部が完成し、その完成した部分を引渡した都度その割合に応じて工事代金を収入する旨の特約又は慣習がある場合

　例えば、10kmの道路工事を請け負い、1km完成するごとに引渡しをし、その部分の工事代金を収受する契約の場合、この取扱いは強制適用であり、法人税における収益計上時期の取扱いと同様です。

（消基通9-1-8、法基通2-1-1の4）

調査官はココを見る！

契約書や請求書などから以下の点について確認します。
・工事進行基準が強制される長期大規模工事は、適切に売上計上されているか。
・引渡しのあった日の判定は適切か。
・部分完成基準に該当する取引について、その基準に則って売上計上されているか。

事例 8

たまたま土地の譲渡があった場合の課税売上割合

当社は製造業を営む3月決算の法人で、これまで非課税売上は普通預金利息のみで課税売上割合は毎年99.9%以上でした。

令和3年6月に駐車場として使用していた土地を売却しました。土地の売却は消費税法上、非課税売上となるとのことで、今期の課税売上割合が大きく変動すると予想されます。

営業内容等は特にこれまでと変わっていませんし、今後は土地の売却の予定はありません。

その場合であっても今期の課税売上割合に基づき仕入控除税額を計算しなければならないのでしょうか。

なお、今期及び過去の課税売上割合等の基となる金額は以下のとおりです。

（単位：千円）

	課税期間中の課税資産の譲渡等の対価の合計額	課税期間中の資産の譲渡等の対価の合計額
今期	105,000	155,001
前期	103,000	103,003
前々期	104,000	104,001
前々々期	80,000	80,003

※今期の土地の売却額は50,000千円でした。

回答

土地の譲渡がなかったとした場合には、事業の実態に変動がないと認められますので、課税期間終了の日までに「消費税課税売上割合に準ずる割合の適用承認申請書」を提出し、同日の翌日から同日以後1月を経過する日までの間に承認を受けた場合は、過去の課税売上割合等による課税売上割合に準ずる割合によって仕入控除税額を計算することができます。

1　消費税の課税対象

　消費税の課税対象は、国内において事業者が事業として対価を得て行う資産の譲渡等、特定仕入れ及び外国貨物の引取りで、その内訳は次のとおりです。

非課税取引	課税の対象としてなじまないものや社会政策的配慮によるもの（土地の譲渡・貸付けや住宅の貸付けなど）
免税取引	輸出取引や、免税店が非居住者に行う免税対象物品の販売
課税取引	消費税の課税対象のうち上記以外のもの

　なお、事業者以外が行う取引や、国外取引などは課税対象とはなりません（不課税取引）。　　　　　　　　　　　　（消法4、6 ～ 8、消費別表1）

2　消費税の納付税額の計算方法

　消費税の納付税額は、課税期間の課税資産の譲渡の額（課税売上）に係る消費税から課税仕入等に係る消費税を控除して計算します（簡易課税適用事業者を除く）。ただし、課税売上5億円超の法人や課税売上割合が95％未満の法人については、控除する消費税額（仕入控除税額）が制限されます。

> 課税売上割合の計算方法
> $$\frac{課税期間中の課税資産の譲渡等の対価の合計額}{課税期間中の非課税取引を含む資産の譲渡等の対価の合計額}$$

　このとき、たまたま土地の譲渡対価の額があったことにより課税売上割合が減少する場合で以下の要件を満たせば、課税売上割合に準ずる割合によって仕入控除税額を計算することができます。
　①　土地の譲渡が単発のものであること
　②　当該土地の譲渡がなかったとした場合には、事業の実態に変動がないと認められること
　具体的には事業者の営業の実態に変動がなく、かつ、過去3年間で最も

高い課税売上割合と最も低い課税売上割合の差が5％以内である場合です。

（消法28、30、消令47、消基通11-5-7）

3　課税売上割合に準ずる割合の計算方法

次の①又は②の割合のいずれか低い割合を課税売上割合に準ずる割合として計算ができます。

① 当該土地の譲渡があった課税期間の前3年に含まれる課税期間の通算課税売上割合

② 当該土地の譲渡があった課税期間の前課税期間の課税売上割合

4　貴社の場合

貴社の場合の課税売上割合を計算しますと、

課税期間	計算式	割合	
(1)　今期：原則	$\dfrac{105,000}{155,001}$	67.7414…%	
(2)　今期：土地を除外	$\dfrac{105,000}{105,001}$	99.9990…%	
(3)　前期	$\dfrac{103,000}{103,003}$	99.9970…%	上記3②
(4)　前々期	$\dfrac{104,000}{104,001}$	99.9990…%	最も高い
(5)　前々々期	$\dfrac{80,000}{80,003}$	99.9962…%	最も低い
(6)　前3年間の通算	$\dfrac{287,000}{287,007}$	99.9975…%	上記3①

となり、事業者の営業の実態に変動がなく、かつ、過去3年間で最も高い課税売上割合と最も低い課税売上割合の差が5％以内ですので、課税売上割合に準ずる割合として(3)の割合か、(6)の通算課税売上割合との低い方である(3)の割合を課税売上割合に準ずる割合として「消費税課税売上割合に準ずる割合の適用承認申請書」（以下「承認申請書」といいます。）を課税

期間終了の日までに提出し、当該課税期間終了の日の翌日から１月を経過する日までの間に承認を受けた場合は、(3)の課税売上割合により仕入控除税額を計算することができます。

5　注意事項

この承認申請書の提出に当たっては何点か注意事項があります。

(1)　承認申請書の提出部数

承認申請書は２部提出しなければなりません。

また、課税売上割合の計算の根拠資料などを参考資料として提出するようにしましょう。

(2)　承認申請書の提出時期

承認審査には一定の期間が必要となりますので、承認申請書は、余裕をもって早めに提出する必要があります。

(3)　「消費税課税売上割合に準ずる割合の不適用届出書」の提出

この課税売上割合に準ずる割合の承認は、たまたま土地の譲渡があった場合に行うものですので、当該課税期間において適用した時は、翌課税期間において「消費税課税売上割合に準ずる割合の不適用届出書」を提出する必要があります。（提出がない場合には、承認を受けた日の属する課税期間の翌課税期間以降の承認を取り消されます。）

> ### 調査官はココを見る！
>
> 課税売上割合の計算が適正に行われているかについて、非課税売上となる取引が不課税売上になっていないかや、売上と経費の相殺取引の消費税の処理などを確認します。

第22号様式

消 費 税 課 税 売 上 割 合 に
準 ず る 割 合 の 適 用 承 認 申 請 書

収受印		（フリガナ）	
令和　　年　　月　　日	申請者	納 税 地	（〒　－　　　）
			（電話番号　　－　　－　　）
		（フリガナ）	
		氏 名 又 は 名 称 及 び 代 表 者 氏 名	
税務署長殿		法 人 番 号	※ 個人の方は個人番号の記載は不要です。

　　下記のとおり、消費税法第30条第３項第２号に規定する課税売上割合に準ずる割合の適用の承認
を受けたいので、申請します。

適用開始課税期間	自 令和　　　年　　　月　　　日 至 令和　　　年　　　月　　　日		
採用しようと する 計 算 方 法			
その計算方法が 合理的である理由			
本 来 の 課 税 売 上 割 合	課税資産の譲渡等の 対価の額の合計額　　　　　　円	左記の割合 の算出期間	自 平成 令和　　年　　月　　日
	資産の譲渡等の 対価の額の合計額　　　　　　円		至 平成 令和　　年　　月　　日
参 考 事 項			
税 理 士 署 名		（電話番号　　－　　－　　）	

※　上記の計算方法につき消費税法第30条第３項第２号の規定により承認します。

　　　　　　第　　　　　　号

　　令和　　　年　　　月　　　日　　　　　　　　　　　　税務署長　　　　　　　　　　印

※ 税務署処理欄	整理番号		部門 番号		適用開始年月日	年　　月　　日	番号 確認	
	申請年月日	年　　月　　日	入力処理	年　　月　　日	台帳整理	年　　月　　日		
	通 信 日 付 印 　年　　月　　日		確認					

注意　１．この申請書は、裏面の記載要領等に留意の上、２通提出してください。
　　　２．※印欄は、記載しないでください。

消費税課税売上割合に準ずる割合の適用承認申請書の記載要領等

1 提出すべき場合

　　この申請書は、控除対象となる仕入れに係る消費税額の計算方法として個別対応方式を採用している事業者が、課税資産の譲渡等とその他の資産の譲渡等に共通して要する課税仕入れ等の税額をあん分する基準として、課税売上割合に代えてこれに準ずる合理的な割合（課税売上割合に準ずる割合）を適用する場合に、その適用の承認を申請する場合に提出します（法30③、令47）。

2 適用課税期間

　　課税売上割合に準ずる割合は、その適用について税務署長の承認を受けた日の属する課税期間から適用することができます。

　（注）　課税売上割合に準ずる割合の適用を受けようとする課税期間の末日までに申請書を提出し、同日の翌日から同日以後1月を経過する日までの間に税務署長の承認を受けた場合は、当該課税期間の末日においてその承認があったものとみなされます。

3 記載要領

(1)　元号は、該当する箇所に○を付します。

(2)　「適用開始課税期間」欄には、課税売上割合に準ずる割合の適用を受けようとする課税期間の初日及び末日を記載します。

(3)　「採用しようとする計算方法」欄には、事業の種類ごと又は販売費、一般管理費等の費用を種類ごとに異なる割合を適用しようとする場合に、その適用対象及び適用しようとする課税売上割合に準ずる割合の計算方法を具体的に記載します。

　　　なお、課税売上割合と課税売上割合に準ずる割合とを併用しようとする場合には、これらの適用関係について具体的に記載します。

(4)　「その計算方法が合理的である理由」欄には、その採用しようとする計算方法が合理的である理由を具体的に記載します。

(5)　「本来の課税売上割合」欄には、上段にこの申請書を提出する日の属する課税期間の直前の課税期間における課税資産の譲渡等の対価の額の合計額を、また下段にその直前の課税期間における資産の譲渡等の対価の額の合計額をそれぞれ記載します。

(6)　「左記の割合の算出期間」欄には、この申請書を提出する日の属する課税期間の直前の課税期間の初日及び末日を記載します。

(7)　承認を受けた計算方法について、その適用対象及び適用する課税売上割合に準ずる割合を変更しようとする場合には、新たな申請書を提出してその適用について承認を受けることになります。

　　　なお、この場合には、既に承認を受けている計算方法について、「消費税課税売上割合に準ずる割合の不適用届出書（第23号様式）」を併せて提出する必要があります。

(8)　「参考事項」欄には、その他参考となる事項等がある場合に記載します。

(9)　記載内容等についてご不明な場合は、最寄りの税務署にお問い合わせください。

事例9

居住用賃貸建物を取得した場合の消費税の計算

　当社は7月決算の法人です。この度、居住用マンション1棟を取得し、令和3年6月に引渡しを受けました。賃借人の募集をかけたところ、7割は個人の居住用、残りの3割は決算期末現在まだ入居者が決まっていません。

　この場合、令和3年7月期の消費税の計算において、建物の取得価額のうち、個人の居住用となっている7割分だけを消費税の仕入税額控除から除外して控除対象消費税の計算をすることになりますか。

回答

　貴社の取得したマンションは居住用建物であることから、入居者が決まっていない3割についても課税期間の末日において住宅の貸付けの用に供しないことが明らかにされていない場合であっても居住用賃貸建物となり、課税仕入れ等の税額については令和3年7月期の仕入税額控除の対象となりません。

　ただし、①当該建物を仕入れ等の日の属する課税期間の初日以後3年を経過する日の属する課税期間末日に事務所として賃貸している場合又は②その期間内に譲渡した場合、一定の計算方法で計算した消費税額を仕入控除税額に加算する調整を行うことになります。

解説

1　居住用賃貸建物の取得等に係る仕入税額控除の制限

　事業者が、国内において行う居住用賃貸建物（住宅の貸付けの用に供しないことが明らかな建物※1以外の建物であって高額特定資産※2又は調整対象自己建設高額資産※3に該当するもの）に係る課税仕入れ等の税額については、仕入税額控除の対象としないこととされています。

　居住用賃貸建物に該当するかどうかは、課税仕入れを行った日の状況により判定しますが、課税仕入れを行った日の属する課税期間の末日におい

て、住宅の貸付けの用に供しないことが明らかにされたときは、居住用賃貸建物に該当しないものとすることができます。

※1　住宅の貸付けの用に供しないことが明らかな建物とは、建物の構造や設備等の状況により住宅の貸付けの用に供しないことが客観的に明らかなものをいい、例えば、その全てが店舗である建物など建物の設備等の状況により住宅の貸付けの用に供しないことが明らかな建物が該当します。

※2　高額特定資産とは、一の取引単位につき、課税仕入れ等に係る支払対価の額（税抜）が1,000万円以上の棚卸資産又は調整対象固定資産をいいます。

※3　調整対象自己建設高額資産とは、他の者との契約に基づき、又は事業者の棚卸資産として自ら建設等をした棚卸資産で、その建設等に要した課税仕入れに係る支払対価の額の100/110に相当する金額等の累計額が1,000万円以上となったものをいいます。（消法30①⑩、消法別表1十三、消基通11-7-1、11-7-2）

2　居住用賃貸建物の取得等に係る消費税額の調整

上記1の「居住用賃貸建物の取得等に係る仕入税額控除の制限」の適用を受けた居住用賃貸建物について、次のいずれかに該当する場合には、仕入控除税額を調整することとなります。

①　第三年度の課税期間（居住用賃貸建物の仕入れ等の日の属する課税期間の初日以後3年を経過する日の属する課税期間）の末日にその居住用賃貸建物を有しており、かつ、その居住用賃貸建物の全部又は一部を調整期間（居住用賃貸建物の仕入れ等の日から第三年度の課税期間の末日までの間）に課税賃貸用（非課税とされる住宅の貸付け以外の貸付けの用）に供した場合
⇒次の算式で計算した消費税額を第三年度の課税期間の仕入控除税額に加算

$$\text{加算する消費税額} = \text{居住用賃貸建物の課税仕入れ等に係る消費税額} \times \frac{\text{Ａのうち課税賃貸用に供したものに係る金額}}{\text{調整期間に行った居住用賃貸建物の貸付けの対価の合計額（A）}}$$

② 　その居住用賃貸建物の全部又は一部を調整期間に他の者に譲渡した場合

　⇒次の算式で計算した消費税額を譲渡した日の属する課税期間の仕入控除税額に加算

$$\text{加算する消費税額} = \text{居住用賃貸建物の課税仕入れ等に係る消費税額} \times \frac{\text{Ｂのうち課税賃貸用に供したものに係る金額} + \text{Ｃの金額}}{\text{課税譲渡等調整期間に行った居住用賃貸建物の貸付けの対価の額の合計額（B）} + \text{居住用賃貸建物の譲渡の対価の額（C）}}$$

（消法35の２、消令53の２）

3　貴社の場合

　貴社の取得した建物は令和３年７月末日において住宅の貸付けの用に供しないことが明らかな部分がありませんので、全体が居住用賃貸建物となり、令和３年７月期の仕入税額控除の対象となりません。ですが、第三年度の課税期間の末日にその居住用賃貸建物を有しており、かつ、その居住用賃貸建物を調整期間に課税賃貸用に供した場合には、第三年度の課税期間の仕入控除税額に加算することになります。

　具体的な例を示すと以下のとおりです。

　令和３年６月に２億円＋消費税２千万円＝２億２千万円で居住用賃貸建物を取得

　取得年度には事業用賃貸なし、第三年度から事業用賃貸あり

　第三年度の末日までの間の受取賃料：居住用　2,100万円

　　　　　　　　　　　　　　　　　　事務所用　900万円

　第三年度の末日までの譲渡なし

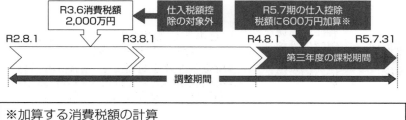

※加算する消費税額の計算

$$2{,}000万円 \times \frac{900万円}{(2{,}100万円 + 900万円)} = 600万円$$

第三年度の課税期間の仕入控除税額に600万円を加算して消費税の計算をすることになります。

調査官はココを見る！

　住宅の貸付けの用に供しないことが明らかな建物であるか、見積書、請求書、設計図や間取り図等で確認します。

　また、第三年度の消費税額の調整計算は適正か、契約書等をチェックします。

コラム **消費税の軽減税率**

・・・

令和元年10月１日から消費税率が次のとおりとなりました。

標準税率→10%（消費税7.8%、地方消費税2.2%）

軽減税率→８%（消費税6.24%、地方消費税1.76%）

軽減税率の対象品目は

①　酒類・外食を除く飲食料品

　飲食料品とは、食品表示法に規定する食品（酒類を除く）をいい、一定の一体資産を含みます。なお、外食やケータリング等は軽減税率の対象には含まれません。

《軽減税率の対象となる飲食料品の譲渡の範囲（イメージ）》

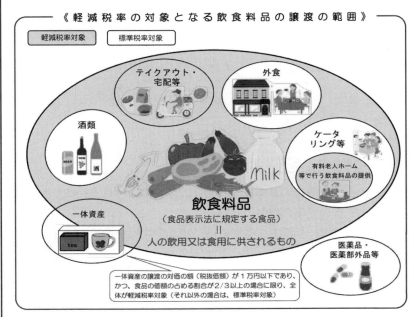

《 軽 減 税 率 の 対 象 と な る 飲 食 料 品 の 譲 渡 の 範 囲 》

軽減税率対象　標準税率対象

テイクアウト・宅配等

外食

酒類

ケータリング等

有料老人ホーム等で行う飲食料品の提供

一体資産

飲食料品
（食品表示法に規定する食品）
＝
人の飲用又は食用に供されるもの

医薬品・医薬部外品等

一体資産の譲渡の対価の額（税抜価額）が１万円以下であり、かつ、食品の価額の占める割合が２/３以上の場合に限り、全体が軽減税率対象（それ以外の場合は、標準税率対象）

（国税庁資料）

飲食料品：飲食料品とは、「一般に人の飲用又は食用に供するもの」をいいます。例えば、工業用の塩は、軽減税率の対象となる飲食料品に含まれません。

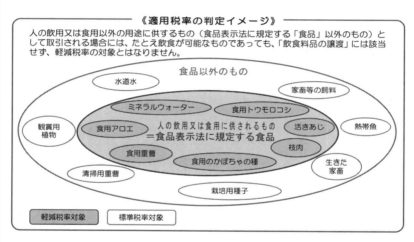

《適用税率の判定イメージ》

人の飲用又は食用以外の用途に供するもの（食品表示法に規定する「食品」以外のもの）として取引される場合には、たとえ飲食が可能なものであっても、「飲食料品の譲渡」には該当せず、軽減税率の対象とはなりません。

外食：飲食店営業等の事業を営む者が飲食に用いられる設備がある場所において行う食事の提供

ケータリング等：相手方の注文に応じて指定された場所で調理・給仕等を行うもの

テイクアウト・宅配：飲食店営業等の事業を営む者が行うものであっても、いわゆるテイクアウト・宅配等は軽減税率の対象

一体資産：おもちゃ付きのお菓子など、食品と食品以外の資産があらかじめ一体となっている資産で、その一体となっている資産に係る価格のみが提示されているもの。税抜価額が1万円以下であって、食品

の価額の占める割合が2/3以上の場合に限り、全体が軽減税率の対象（それ以外の場合は、標準税率の対象）

---

② 週2回以上発行される新聞（定期購読契約に基づくもの）

　対象となる新聞とは、定期購読に基づくもので、一定の題号を用い、政治、経済、社会、文化等に関する一般社会的事実を掲載する週2回以上発行されるものをいいます。

第 5 章

法人税関係

事例1

使用人に支給する決算賞与の取扱い

当社は、3月決算法人ですが、当期は、業績が良いことから社員30名に対し決算賞与を臨時で支給することを取締役会において決定しました。

決算賞与の支給は4月に行いますが、3月末に賞与として損金経理をし、当期の費用にしたいと考えております。

当期末では未払いですが、税務上は当期の費用とすることができるのでしょうか。

回答

次の三要件が満たされていれば、3月末の賞与として費用とすることができます。

(1)　支給金額の通知

(2)　1か月以内の支払

(3)　損金経理

解説

1　使用人賞与の費用（損金算入）時期について

内国法人がその使用人に対して賞与（給与のうち臨時的なもの）を支給する場合には、その賞与の額について、次の賞与の区分に応じ、その定める事業年度において支給されたものとして費用として取り扱うこととされています。　　　　　　　　　　　　　　　　　　　　　　（法令72の3）

(1)　労働協約又は就業規則により定められる支給予定日が到来している賞与

⇨　その支給予定日又はその通知をした日のいずれか遅い日の属する事業年度で費用とする。

(2)　次の三要件を満たす賞与

⇨　使用人にその支給額の通知をした日の属する事業年度で費

用とする。

> **（費用とするための要件）**
> ①　その支給額を、各人別に、かつ、同時期に支給を受ける全ての使用人に対して通知をしていること
> ②　①の通知をした金額をその通知をした全ての使用人に対しその通知をした日の属する事業年度終了の日の翌日から1か月以内に支払っていること
> ③　その支給額につき①の通知をした日の属する事業年度において損金経理をしていること

(3)　上記(1)及び(2)に掲げる賞与以外の賞与
　　　⇨　その賞与が支払われた日の属する事業年度で費用とする。

2　貴社の場合

(1)　貴社の場合は臨時の決算賞与ということですので、次の①〜③の要件を満たせば、上記1(2)に該当しますので3月末の費用とすることができます。

> ①　支給額を社員30名に対し3月末までに各人別に通知していること
> ②　通知をした金額をその通知をした社員30名に対し4月末日までに支払っていること
> ③　支給額を3月末までに賞与として損金経理していること

(2)　上記の1の(2)①〜③の要件を満たさない場合には、支給日に費用となります。

調査官はココを見る！

　決算期末に従業員に対する未払賞与を計上し、利益調整する事例があることから多額の未払賞与が計上されている場合には、損金経理の要件を満たしているかの事実認定が行われます。

①　従業員賞与の計上に関する稟議書の検討

②　従業員に対する支給に関する通知の方法

③　実際の支給時期と方法

事例2

定期同額給与の減額

当社は、3月決算法人ですが、現在、代表取締役Aに対し毎月100万円を支給しております。

当期の中間決算において業績が前期より低迷していることから、数か月前から資金繰りに窮しております。

したがって10月からAに対する給与を50万円に改定（減額）することを検討中です。減額については、税務上、問題はあるのでしょうか。

回答

役員に支給する給与については、一時的な資金繰りの都合のみで減額することは認められません。

解説

1　定期同額給与とは

支給時期が一月以下の一定の期間ごとである給与で、事業年度の各支給時期における支給額が同額であるものをいいます。　　　　　　（法34①一）

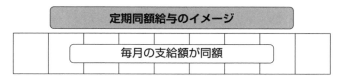

2　定期同額給与の額の改定（増額又は減額）

次の場合にのみ、役員の給与の改定ができます。

(1)　事業年度開始の日の属する会計期間開始の日から三月を経過する日までにされた定期給与の改定　　　　　　　　　　　　　（法令69①一イ）

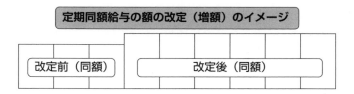

(2)　事業年度において内国法人の役員の職制上の地位の変更、その役員
　　の職務の内容の重大な変更その他これらに類するやむを得ない事情に
　　よりされたこれらの役員に係る定期給与の額の改定　（法令69①一ロ）

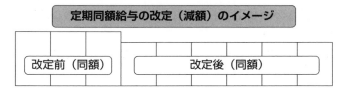

(3)　事業年度において内国法人の経営の状況が著しく悪化したことその
　　他これに類する理由によりされた定期給与の額の改定「経営の状況が
　　著しく悪化したことその他これに類する理由」とは、例えば、次の場
　　合をいいます。

> ①　株主との関係上、業績や財務状況の悪化についての役員とし
> ての経営上の責任から役員給与の額を減額せざるを得ない場合
> ②　取引銀行との間で行われる借入金返済スケジュールの協議に
> おいて、役員給与の額を減額せざるを得ない場合
> ③　業績や財務状況又は資金繰りが悪化したため、取引先等の利
> 害関係者からの信用を維持・確保する必要性から経営状況の改
> 善を図るための計画が策定され、これに役員給与の減額が盛り
> 込まれた場合
> ④　上記①～③以外の事例であっても、経営状況の悪化に伴い、
> 第三者である利害関係者との関係上、役員給与の減額をせざる
> を得ない事情がある場合
> （出所：国税庁「役員給与に関するＱ＆Ａ」（平成24年２月改定））

3　貴社の場合

　上記２(3)①～④の場合には、経営の状況が著しく悪化したものとして減額は可能と考えられますが、一時的な資金繰りの都合のみで役員給与の減額を行うことはできません。　　　　　　　　　　　　　　（法基通９－２－13）

調査官はココを見る！

> 　定期同額給与の支給が行われている場合に、事業年度の途中に支給額の増減が行われている場合には、損金経理の要件を満たしているか次の事実認定が行われます。
> 　①　役員の給与の増額又は減額に関する稟議書の検討
> 　②　取締役会議事録等の検討
> 　③　増額又は減額の理由

事例 3

短期前払費用について

当社は、当期から決算期末に事務所家賃を1年分支払う予定でおりますが、短期の前払費用として、費用とする場合に留意すべき点について教えてください。

回答

課税所得の計算上、支払時に一括で費用（損金算入）にすることにより、利益の繰延等を行うことは認められませんので、次に述べる点に留意することが必要です。

解説

1 前払費用とは

前払費用とは、一定の契約に基づき継続的に役務の提供を受けるために支出した費用のうちその事業年度終了においてまだ提供を受けていない役務に対応するものをいいます。

2 短期の前払費用について留意する事項

課税所得金額の計算上、費用（損金算入）にできる短期の前払費用とは、主に次の要件を満たすものをいいます。

(1) 役務提供の対価が支払済みであり、未払でないこと

(2) 前払の対象となる役務は、家賃、保険料、支払利息などの時の経過に応じて費用化されるものであること

(3) 継続してその支払った日の属する事業年度の費用（損金の額に算入）としていること

(4) その支払った日から1年以内に提供を受ける役務に対するものであること

（法基通2-2-14）

短期の前払費用に該当しない事例（その１）

　当事業年度は利益が出たことから、当期のみ費用（損金の額に算入）とする場合は、利益を繰り延べることになり、短期の前払費用には該当しませんので費用（損金に算入）とすることはできません。

短期の前払費用に該当しない事例（その２）

　３月決算法人の場合に、１年分の家賃（30.5／１～31.4／30）を３月１日に支払った場合には、役務提供の開始は１年以内ですが、役務提供の終わりは支払った日から１年を超えることになり、その支払った日から１年以内に提供を受ける役務に対するものに該当しないことから、この前払費用は短期の前払費用には該当しません。

```
30年                                    31年
 ├──────────┼──────────────────┼──────────┼──→
3/1（支払）  5/1（役務提供開始）   2/28（１年後）  4/30（役務終了）
```

　役務提供の開始は１年以内ですが、役務終了は14か月後で１年を超えることになり、短期の前払費用には該当しません。

調査官はココを見る！

　前事業年度より課税所得が増加している場合に、短期の前払の費用を損金経理している場合には、損金経理の要件を満たしているか次の事実認定が行われます。

(1)　役務提供の対価が支払済みであり、未払でないこと
(2)　前払の対象となる役務は、家賃、保険料、支払利息などの時の経過に応じて費用化されるものであること
(3)　継続してその支払った日の属する事業年度の費用（損金の額に算入）としていること
(4)　その支払った日から１年以内に提供を受ける役務に対するものであること

事例 4

関係会社の株式評価損の計上について

当社は同族会社Ｓ社の株式を保有しておりますが、Ｓ社は事業不振により、業績が大幅に悪化しております。

当社としては、Ｓ社株式の評価損を計上したいと思っておりますが、課税上の取扱いについてご教示をお願いいたします。

回答

同族会社の場合は、１株当たりの純資産価額がその有価証券を取得した時のその発行法人の１株当たりの純資産価額に比しておおむね50％以上下回ることとなった場合には評価損を計上することができます。

解説

1　資産の評価損の損金不算入等

内国法人がその有する資産の評価換えをしてその帳簿価額を減額した場合には、その減額した部分は、損金の額に算入しないこととされています。

(法33①)

2　資産の評価損の計上ができる場合

有価証券のうち売買目的有価証券以外の有価証券については、その有価証券を発行する法人の資産状態が著しく悪化したため、その価額が著しく低下した事実がある場合には評価損を計上することができます。

(法令68①二ロ)

3　「有価証券を発行する法人の資産状態が著しく悪化したこと」とは

その事業年度終了の日におけるその有価証券の発行法人の１株又は１口当たりの純資産価額がその有価証券を取得した時のその発行法人の１株又は１口当たりの純資産価額に比しておおむね50％以上下回ることとなった

ことをいいます。 (法基通9-1-9(2))

事業年度終了の日の純資産価額≦取得時の純資産価額×1/2

4　上場有価証券等以外の株式の価額

　売買実例もなく、事業の種類、規模、収益の状況等が類似する他の株式の価額がない有価証券の価額については、その事業年度の終了の日の1株当たりの純資産価額等を参酌した通常取引されると認められる額とされています。 (法基通9-1-13)

5　上場有価証券等以外の株式の価額の特例

　上記4の有価証券については、財産評価基本通達の178から189-7まで《取引相場のない株式の評価》の例によって算定した価額によっているときは、課税上弊害がない限り、次によることを要件としてこれを認めることとされています。 (法基通9-1-14)

（要件）
① その株式の価額につき財産評価基本通達179の例により算定する場合には、その法人が株式の発行会社にとって「中心的な同族株主」に該当するときは、財産評価基本通達178に定める「小会社」に該当するものとして評価する。
② 株式発行会社が保有する土地（土地の上に存する権利を含む）又は上場有価証券については、純資産価額の算定に当たり、その事業年度終了の時における価額とする。
③ 純資産価額の算定に当たり、評価差額に対する法人税額等に相当する金額は控除しない。

6　S社の株式の評価方法

　S社の株式については、売買実例もなく、類似法人も存在しない場合には、課税上、弊害がない限り、財産評価基本通達を基本に評価することになります。

　その結果、その事業年度終了の日におけるその有価証券の発行法人の１株当たりの純資産価額がその有価証券を取得した時のその発行法人の１株当たりの純資産価額に比しておおむね50%以上下回ることとなった場合には、評価損を計上できることになります。

調査官はココを見る！

　特別損失に有価証券評価損を計上している場合に、特に、同族会社の評価損を計上している場合には、利益調整を目的とするものか否かについて次の事項について検討が行われます。

(1)　有価証券の評価損の計上の経緯

(2)　有価証券の評価損の計上の時期

(3)　評価方法（株式発行会社が保有する土地（土地の上に存する権利を含む）又は上場有価証券等以外の株式については、純資産価額の計算に当たり、その事業年度終了の時の時価により評価しているか

届出どおりに支給しなかった事前確定届出給与について

当社は精密機械部品を製造する同族会社の 3 月決算法人です。

平成29年 6 月25日の定時株主総会において取締役 A 及び取締役 B に対し、定期同額給与の他に、次の賞与を支給する定めを決議し、期限内に所轄税務署長に「事前確定届出給与に関する届出書」と「付表 1 （事前確定届出給与等の状況（金銭交付用））」を届け出ておりました。

当初は、届出のとおり支払する予定でしたが、当社の資金繰りの都合で実際の支払は次のとおりとなりました。

この場合には、12月10日3,000,000円と 6 月10日1,000,000円の合計額4,000,000円全額が損金不算入となるのでしょうか。

事前確定届出給与の明細

取締役 A	（支給日）	（支給金額）
	平成29年12月10日	1,500,000円
	平成30年 6 月10日	1,500,000円
取締役 B	（支給日）	（支給金額）
	平成29年12月10日	1,500,000円
	平成30年 6 月10日	1,500,000円

実際の支給額

取締役 A	（支給日）	（支給金額）
	平成29年12月10日	1,500,000円
	平成30年 6 月10日	500,000円
取締役 B	（支給日）	（支給金額）
	平成29年12月10日	1,500,000円
	平成30年 6 月10日	500,000円

回答

　取締役Ａに支給した平成29年12月10日1,500,000円及び取締役Ｂに支給した平成29年12月10日1,500,000円の合計3,000,000円については、損金の額に算入して差し支えありません。

　取締役Ａに支給した平成30年6月10日500,000円及び取締役Ｂに支給した平成30年6月10日500,000円の合計1,000,000円については、損金の額に算入することはできません。

解説

1　事前確定届出給与について

　事前確定給与とは、その役員の職務につき所定の時期に、確定した額の金銭又は確定した数の株式若しくは新株予約権若しくは特定譲渡制限付株式若しくは特定新株予約権を交付する旨の定めに基づいて支給する給与で、定期同額給与及び利益連動給与に該当しないものです。

① 　確定した額の金銭
② 　確定した数の株式若しくは新株予約権
③ 　確定した額の金銭債権に係る特定譲渡制限付株式
④ 　確定した額の金銭債権に係る特定新株予約権

　ただし、次に掲げる場合に該当する場合には、それぞれ、次に定める要件を満たすものに限ります。

イ　その給与が定期給与を支給しない役員に対して支給する給与以外の給与である場合（法54①に規定する特定譲渡制限付株式、法54の2①に規定する特定新株予約権を除きます。）
　　　　　　　　　⇩
納税地の所轄税務署長にその定めの内容に関する届出をしていること。

ロ　株式を交付する場合
　　　　　　　　　⇩
　その株式がその内国法人又は関係法人が発行した適格株式であること（適格株式とは市場価格のある株式又は市場価格のある株式と交換

される株式をいいます)。

　ハ　新株予約権を交付する場合

⇩

　その新株予約権がその内国法人又は関係法人が発行した適格新株予約権であること(適格新株予約権とはその行使により市場価格のある株式が交付される新株予約権をいいます)。

2　事前確定届出給与を届出どおりに支給しなかった場合の取扱い

　事前確定届出給与とは、その役員の職務につき所定の時期に、確定した額の金銭等を交付する旨の定めに基づいて支給する給与であることから、納税地の所轄税務署長へ届け出た支給額と実際の支給額が異なる場合には、事前確定届出給与に該当しないこととなり、原則として、その支給する給与の全額が損金不算入となります。　　　　　　　　　(法基通 9-2-14)

　したがって、支給時期、支給金額又は株式数等が事前に確定し、実際にその定めどおりに支給されない場合は損金に算入できません。

> (注)　金銭等とは、確定した額の金銭又は確定した数の株式若しくは新株予約権若しくは確定した額の金銭債権に係る特定譲渡制限付株式若しくは確定した額の金銭債権に係る特定新株予約権をいいます。

3　貴社の場合

(1)　貴社の取締役A及びBに対する事前確定届出給与の届出と支給状況は次のとおりです。

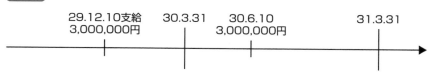

支給

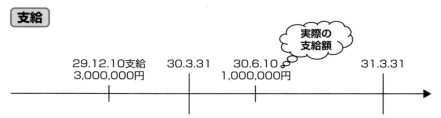

(2)　貴社は、事前確定届出給与として6,000,000円を届け出ているものの、実際は役員Ａ及びＢに対し4,000,000円のみの支給であることから、4,000,000円の全額が損金に算入されないとの懸念があります。

　このような場合については、国税庁の「質疑応答事例……定めどおりに支給されたかどうかの判定（事前確定届出給与）」において、「その事業年度中は定めどおりに支給したものの、その翌事業年度において定めどおりに支給しなかった場合は、その支給をしなかったことにより直前の事業年度の課税所得に影響を与えるようなものでないことから、翌事業年度に支給した給与の額のみについて損金不算入と取り扱って差し支えないものと考えられます。」と回答しています。

(3)　上記の質疑応答事例を貴社に当てはめると、貴社は事業年度中（29/ 4 / 1 ～ 30/ 3 /31）は定めどおりに支給したものの、その翌事業年度（30/ 4 / 1 ～ 31/ 3 /31）において定めどおりに支給しなかった場合は、その支給をしなかったことにより直前の事業年度（29/ 4 / 1 ～ 30/ 3 /31）の課税所得に影響を与えるようなものではありません。

　したがって、取締役Ａに支給した平成29年12月10日1,500,000円及び取締役Ｂに支給した平成29年12月10日1,500,000円の合計3,000,000円については、損金の額に算入して差し支えありません。

　取締役Ａに支給した平成30年 6 月10日500,000円及び取締役Ｂに支給した平成30年 6 月10日500,000円の合計1,000,000円については、損金の額に算入することはできません。

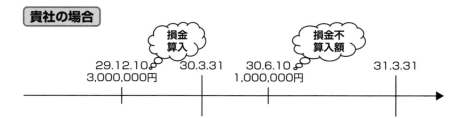

　事前確定届出給与とは、その役員の職務につき所定の時期に、確定した額の金銭等を交付する旨の定めに基づいて支給する給与であることから、納税地の所轄税務署長へ届け出た支給額と実際の支給額が異なる場合には、事前確定届出給与に該当しないこととなり、支給する給与の全額が損金不算入となります。

　したがって、事前確定届出給与の検討に際しては、その定めどおりに支給されているか、支給時期、支給金額について検討が行われます。

事例6

グループ法人間の資産の譲渡

　当社は、2年前に自社所有の土地を100%出資する子会社Aに譲渡し、譲渡益が1億円ありましたが、グループ法人税制の適用により、その譲渡益の課税を繰り延べておりました。

　今般、新工場建設のために、その土地を買い戻すことになりました。

　2年前に繰り延べた譲渡益1億円の課税上の取扱いのご教示をお願いいたします。

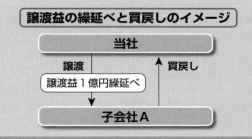

回答

　貴社が100%出資する子会社に対する譲渡により発生し、繰り延べた譲渡益1億円は、今回の買戻しに際し、譲渡益として課税しなければなりません。

解説

1　グループ法人税制による資産の譲渡益の繰延べ

　内国法人（以下「譲渡法人」という。）がその保有する譲渡損益調整資産（固定資産、土地、有価証券、金銭債権及び繰延資産等）を完全支配関係がある他の法人に譲渡した場合には、その譲渡調整資産に係る譲渡利益額又は譲渡損失額は、その譲渡した事業年度の所得の金額の計算上、損金の額又は益金の額に算入することとされています。　　　　（法61の13①）

　つまり、譲渡法人は、譲渡の時においては、譲渡利益又は譲渡損失を計

上せず、繰り延べることとされています。

2 譲渡損益調整資産を譲渡した場合の取扱い

　上記１の譲渡を受けた法人（以下「譲受法人」という。）が、その譲渡損益調整資産を譲渡した場合には、その譲渡損益調整資産に係る譲渡利益額又は譲渡損失額に相当する金額は、譲渡法人の各事業年度の所得金額の計算上、益金の額又は損金の額に算入することとされています。

（法61の13②）

　この譲渡には、<u>完全支配関係がある法人間の取引についても適用されます</u>。その理由は次のように説明されています。

> 　この制度の趣旨からすれば、グループ外に資産譲渡されるまではグループ内で何回譲渡があってもすべて繰り延べておくことが本来のあり方ではあるものの、グループ内の法人間で本制度の対象資産が２度、３度と転売されることは、一般的に想定されていないことや、実務の簡便化を考慮する必要があることなどから、旧制度と同様に、グループ内で２回目の譲渡が行われた場合には、１回目の譲渡に係る譲渡法人において繰り延べられていた譲渡利益額又は譲渡損失額が計上されることとされています。
>
> （出所：「平成22年度税制改正」）

3 貴社の場合

　貴社は、子会社Ａに対し保有する土地を譲渡した際には、譲渡損益調整として譲渡利益額の計上を繰り延べていましたが、今回の買戻しに際し益金に計上し課税しなければなりません。

調査官はココを見る！

> 　グループ法人間の譲渡損益調整資産（固定資産、土地、有価証券、金銭債権及び繰延資産等）取引に際し発生する損益については、繰り延べることとされていることから、次の事項を確認することになります。
> 　(1)　グループ間取引の有無
> 　(2)　グループ間取引の損益の計上状況

レクチャー

取引先に対する災害見舞金等

Q 当社の長年の取引先であるA社の工場が、この度の台風で甚大な被害を受け操業中止となり、また、社員の多くの方も被災いたしました。

　A社は、当社の製品の主要部品を製造していることから、同社の操業中止は、当社の死活問題でもあり、一日も早い復興のために、当社としては、役員会で様々な支援策を検討することになりました。

　現状では、次の支援策を検討中ですが、税務上の取扱いをご教示願います。

支援策（案）

（支援策1）A社に災害見舞金を支出する。

（支援策2）A社への貸付金の一部を免除する。

（支援策3）A社の社員に見舞金を支出する。

回答

　支援策1の災害見舞金及び支援策2の貸付金の一部免除については、損金の額とすることができます。

　支援策3の見舞金については、交際費等として取り扱います。

解説

1　得意先、仕入先等社外の者の慶弔、禍福に際し支出する金品等の取扱い

　得意先、仕入先等の社外の者の慶弔、禍福に際し支出する金品等の費用については、取引上の付き合いからやむなく支出するものであり、贈答の性格を有することから、交際費等と取り扱われます。

（措通61の4(1)-15）

2 災害の見舞金を支出する場合の取扱い

　法人が、被災前の取引関係の維持、回復を目的として災害発生後相当の期間内にその取引先に対して行った災害見舞金の支出又は事業用資産の供与若しくは役務の提供のために要した費用は、交際費等に該当しないものとされています。　　　　　　　　（措通61の4(1)-10の3）

　この取扱いは、当初、震災費用通達である「平成7年2月27日付課法2-1阪神・淡路大震災に関する諸費用の法人税の取扱いについて」において公表されたものです。

阪神・淡路大震災に関する諸費用の法人税の取扱いについて（抜粋）

　法人が、被災前の取引関係の維持、回復を目的として災害発生後相当の期間内にその取引先に対して行った災害見舞金の支出又は事業用資産の供与若しくは役務の提供のために要した費用は、交際費等以外の費用として取り扱う。

（注）
1　事業用資産には、当該法人が製造した製品及び他の者から購入した物品で、当該取引先の事業の用に供されるものの他、当該取引先の福利厚生の一環として被災した役員又は使用人に供与されるものを含むものとする。
2　取引先は、その受領した災害見舞金及び事業用資産の価額に相当する金額を益金の額に算入することに留意する。
　　ただし、受領後直ちに福利厚生の一環として被災した役員又は使用人に供与する物品及び取得価額が20万円未満のものについてはこの限りでない。

---

3 貸付金の一部を免除する場合の取扱い

　法人が、災害を受けた得意先等の取引先に対してその復旧を支援することを目的として災害発生後相当の期間（災害を受けた取引先が通常の営業活動を再開するための復旧過程にある期間をいう。）内に売掛金、未収請負金、貸付金その他これらに準ずる債権の全部又は一部を免除した場合には、その免除したことによる損失は、交際費等に該当しないものとされています。　　　　　　　　（措通61の4(1)-10の2）

（注）「取引先」には、得意先、仕入先、下請工場、特約店、代理店の
ほか、商社等を通じた取引であっても価格交渉等を直接行っている
場合の商品納入先など、実質的な取引関係にあると認められる者が
含まれます。

4 貴社の場合

(1) 支援策1について

　　法人が、被災前の取引関係の維持、回復を目的として災害発生
後その取引先に対して行った災害見舞金の支出又は事業用資産の
供与等に要した費用は、交際費等に該当しないものとされていま
すので、A社への災害の見舞金は損金とすることができます。

(2) 支援策2について

　　法人が、災害を受けた得意先等の取引先に対してその復旧を支
援することを目的として貸付金等の全部又は一部を免除した場合
には、その免除したことによる損失は、交際費等に該当しないも
の（寄付金にも該当しません。）とされていますので、A社への
貸付金の一部の免除した部分は損金とすることができます。

(3) 支援策3について

　　得意先、仕入先等の社外の者の慶弔、禍福に際し支出する金品
等の費用については、交際費等と取り扱われますので、A社の社
員に対する見舞金は交際費等に該当します。

災害金見舞金等の取扱いのイメージ

貴社	── 見舞金の支出＝損金算入 →	A社
	── 貸付金の免除＝損金算入 →	
	── 社員への見舞金＝交際費 →	

災害見舞金等の留意事項

1　災害見舞金の性質

　　災害見舞金は、取引先の福利厚生に対する支援という復旧支援を目的として支出するものの一つであり、取引先の救済を通じてその法人の事業上の損失を回避するための支出です。

2　事業用資産の提供

　　得意先等の取引先に対して事業用資産（自社の製品等を含む）を提供した場合には、災害見舞金と同様に取り扱われ、交際費等以外の費用として取り扱われます。

　　また、事業用資産には、その物品が取引先の事業の用に供されるものの他、その取引先の福利厚生の一環として被災した役員又は使用人に供されるものも含まれます。

3　被災者の収益計上

　　災害見舞金等を収受した取引先においては、その災害見舞金等を益金の額に算入しなければなりません。

4　金額について

　　災害見舞金は、取引先の福利厚生に対する支援という復旧支援を目的として支出するものの一つであり、取引先の救済を通じてその法人の事業上の損失を回避するための支出であることからその支出する災害見舞金等の多寡は問わないこととされています。

5　支出の証明

　　支出の証明としてその法人の帳簿書類に、支出先の所在地、名称、支出年月日を記録している場合にはこれが認められます。

事例7

損金に算入できる交際費等の額

　当社は資本金1,000万円の法人です。当社では営業担当が得意先との飲食をする機会が多いのですが、飲食費は損金にできる基準があると聞きました。損金に算入できる基準等について教えてください。

回答

　一人当たり5,000円以下である飲食等の費用については交際費等の額から除かれています。

　また、一人当たり5,000円を超える接待飲食費（社内飲食費を除く）であってもその額の50%相当額は損金に算入できます。

　資本金の額が１億円以下の法人（大法人の子法人等を除く）については、接待飲食費の50%相当額の損金算入額に代えて、年800万円を限度として交際費等の額を損金にすることもできます。

解説

１　交際費等とは

　交際費等とは、交際費、接待費、機密費その他の費用で、法人が、その得意先、仕入先その他事業に関係のある者等（社員や株主等を含む）に対する接待、供応、慰安、贈答その他これらに類する行為（以下「接待等」といいます。）のために支出する費用をいいます。

　ただし、次に掲げる費用は交際費等から除かれます。

(1)　専ら従業員の慰安のために行われる運動会、演芸会、旅行等のために通常要する費用

(2)　飲食等のために要する費用（社内飲食費※を除く）のうち、一人当たりの金額が5,000円以下である費用で、次の事項を記載した書類を保存しているもの

① 飲食等の年月日
② 飲食等に参加した得意先、仕入先その他事業に関係のある者等の氏名又は名称及びその関係
③ 飲食等に参加した者の数
④ その費用の金額、飲食店等の名称及び所在地（店舗がない等の理由で名称又は所在地が明らかでないときは、領収書等に記載された支払先の名称、住所等）
⑤ その他参考となるべき事項
※ 社内飲食費とは役員若しくは従業員又はこれらの親族のための飲食費用をいいます。

(3) その他の費用
イ カレンダー、手帳、扇子、うちわ、手ぬぐいその他これらに類する物品を贈与するために通常要する費用
ロ 会議に関連して、茶菓、弁当その他これらに類する飲食物を供与するために通常要する費用
ハ 新聞、雑誌等の出版物又は放送番組を編集するために行われる座談会その他記事の収集のために、又は放送のための取材に通常要する費用

（措法61の4、措令37の5、措規21の18の4）

2 接待飲食費とは

　交際費等のうち社内飲食費を除く飲食等の費用で帳簿書類に飲食費であることについて上記1(2)の③を除く事項の記載がされているものをいいます。
（措法61の4④、措規21の18の4）

3 損金にできる金額

　法人の期末資本金の額により損金算入額は次のとおり異なります。

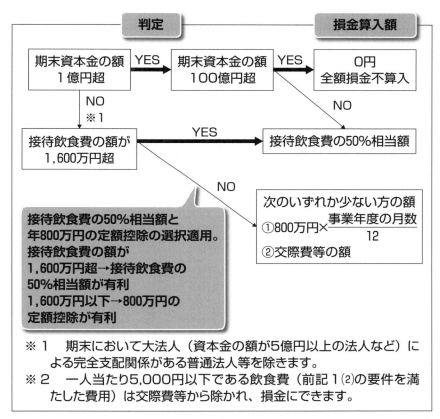

（法法66⑥二、三、措法61の4、法令139の6）

4　貴社の場合

　貴社の場合、資本金が1,000万円とのことですので、上記1⑵の一人当たり5,000円以下である飲食費については所定の事項を記載した書類を保存しておくことにより交際費等の額から除き損金にすることができます。

　また、上記3により接待飲食費の残額が1,600万円を超えた場合には接待飲食費の50%相当額を損金とし、その額が1,600万円以下である場合には交際費等の800万円（事業年度が12か月の場合）までを損金とすることができます。

　調査官は次のような支払がないか領収証だけでなく、接待飲食費に関連する経費精算書や決裁文書などもチェックし、必要に応じて支払先の飲食店等に照会文書を出したり、反面調査を行います。

　・経費として認めてもらうために、担当者が参加人数の水増しをしていないか。

　・個人的経費を付けこんでいないか。

事例8

役員の職務変更に伴い支給する退職金の取扱い

　　当社の創業者である代表者Aは高齢になったこともあり、この度代表取締役を退任し、長男Bを代表取締役にしたいと思っています。Aの役員報酬は代表取締役として月額150万円でしたが、今後は会長として非常勤取締役となり月額50万円の報酬にする予定です。職務内容が変わりましたし、報酬の額も1/2以下となったので、退職金の支給を考えていますが、損金にできるでしょうか。

回答

　代表取締役から取締役になった役員への退職金は、その役員が取締役となった後に実質的にその法人の経営上主要な地位を占めておらず、その退職金の額が過大でないこと等の要件を満たしていれば、損金にできます。

解説

1　役員退職給与とは

　役員退職給与とは取締役又は監査役が任期満了又は辞任等の理由によって退任した場合など「退職の事実」により支給されるものをいいます。ただし、「退職の事実」がない場合であっても、分掌変更等その役員に退職に準ずる一定の事実があり、実質的に退職と同様の事情がある場合には退職給与と取り扱われます。　　　　　　　　　　　　　　（法基通 9 - 2 -32）

2　役員退職給与の取扱い

　役員退職給与は、不相当に高額な部分の金額は損金に算入されません。「不相当に高額な部分の金額」とは具体的には

　①　その役員の業務従事期間
　②　その退職の事情
　③　その内国法人と同種の事業を営む法人でその事業規模が類似するものの役員に対する退職給与の支給の状況等

を総合勘案して、その役員に対する退職給与として相当であると認められる金額を超える部分です。　　　　　　　　　　　　（法法34②、法令70二）

3　分掌変更等の場合の役員退職給与の取扱い

　役員退職給与は本来「退職の事実」により支給されるものですが、引き続き在職する場合であっても、分掌変更等により「実質的に退職したと同様の事情にあると認められる」役員に対して支給した臨時的な給与は、その額が過大でない限り退職給与として損金に計上することができます。

　ここでいう「実質的に退職したと同様の事情にあると認められる」とは次のようなものをいいます。

> (1)　常勤役員が非常勤役員になったこと
> 　常時勤務していないものであっても代表権を有する者を除く。

> (2)　取締役が監査役になったこと
> 　監査役でありながら実質的にその法人の株主等で使用人兼務役員とされない役員に掲げる要件の全てを満たしている者を除く。

> (3)　分掌変更等の後におけるその役員の給与が激減（おおむね50％以上の減少）したこと

　いずれも、分掌変更後その<u>法人の経営上主要な地位を占めていると認められる者は除かれています</u>。

　そのため、分掌変更をして役員報酬の額を1/2以下にしたとしても、分掌変更前と変わらず経営上主要な地位を占めている場合には役員退職金を損金にすることはできません。　　　　　　　　　　（法基通9-2-32）

4　貴社の場合

　貴社の場合は、代表取締役が代表権のない非常勤の取締役となるとのことですので、分掌変更後、実質的にその法人の経営上主要な地位を占めておらず、その退職金の額が過大でなければ、損金にすることができます。ただし、役員会に出席するなどして経営上の重要事項の決定に参画したり、主要な取引先や銀行に対して引き続き代表権があると認められるような対

応をしていたりすると、「退職と同様の事情」があると認められず、役員
退職給与ではなく役員賞与となり損金にできなくなりますので、注意が必
要です。

調査官はココを見る！

　代表取締役から非常勤取締役になったとして元代表者に対して退職金
を支払っている場合、名刺、役員会や経営会議の議事録、銀行との交渉
の記録などから、退職と同様の事実があるかや経営上主要な地位を占め
たままではないかなどを確認します。
　役員退職慰労金規程があれば、規程の退職金の計算方法が他の同規模、
同業種の法人と比較して過大ではないか、また、その規程に基づいて退
職金の額が計算されているかチェックします。
　役員退職金は、その支給についての株主総会の決議等により金額が具
体的に確定した日の事業年度に損金経理されている必要があります。

貸倒損失の計上時期と要件

> この度、5年前から取引をしていたA社の「破産手続開始通知書」が裁判所から届きました。売掛金は300万円程度残っており、最後の取引は1年前で、支払は半年前からなされていません。会社とは連絡が取れなくなっていますし、破産手続開始とのことですので、売掛金の残額は貸倒損失として計上したいと思いますがいかがでしょうか。

回答

破産手続開始決定があっただけでは貸倒損失の計上要件を満たしません。破産手続の終結決定時又は廃止決定時に、回収不能額を貸倒損失として計上することとなります。

解説

1　税務上認められる貸倒損失の要件とは

税務上、貸倒損失として損金算入が認められるのは、次のような事実が発生した場合です。

---

(1) 法律上の貸倒れ（法基通9-6-1）

　金銭債権の全部又は一部が法的手続により切り捨てられた場合

---

(2) 事実上の貸倒れ（法基通9-6-2）

　金銭債権につき、その債務者の資産状況、支払能力等からみてその全額が回収できないことが明らかになった場合

---

(3) 形式上の貸倒れ（法基通9-6-3）

　売掛債権につき債務者との取引停止以後1年以上経過した場合等

これらの取扱いは次のとおりです。

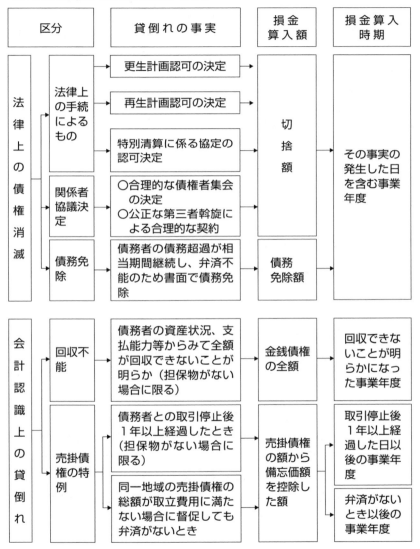

区分			貸倒れの事実	損金算入額	損金算入時期
法律上の債権消滅	法律上の手続によるもの		更生計画認可の決定	切捨額	その事実の発生した日を含む事業年度
			再生計画認可の決定		
			特別清算に係る協定の認可決定		
	関係者協議決定		○合理的な債権者集会の決定 ○公正な第三者斡旋による合理的な契約		
	債務免除		債務者の債務超過が相当期間継続し、弁済不能のため書面で債務免除	債務免除額	
会計認識上の貸倒れ	回収不能		債務者の資産状況、支払能力等からみて全額が回収できないことが明らか（担保物がない場合に限る）	金銭債権の全額	回収できないことが明らかになった事業年度
	売掛債権の特例		債務者との取引停止後１年以上経過したとき（担保物がない場合に限る）	売掛債権の額から備忘価額を控除した額	取引停止後１年以上経過した日以後の事業年度
			同一地域の売掛債権の総額が取立費用に満たない場合に督促しても弁済がないとき		弁済がないとき以後の事業年度

2　A社の場合

A社は破産手続開始の決定がなされたとのことですが、財務状況によっては金銭債権の一部が分配される可能性もあり、この段階では回収不能の額がいくらなのか明らかとはいえませんので、破産手続開始の決定だけでは貸倒損失の計上はできません。

破産手続が開始された後は以下のような流れとなります。

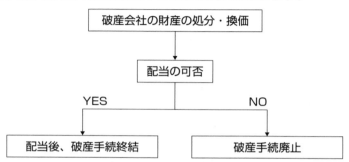

債権の一部が配当された後、破産終結となれば、それ以上は配当すべき額はないと認められますので、配当されなかった残額についてその事業年度で貸倒損失を計上することになります。

一方、財産の額が破産手続費用に満たない場合には、破産手続廃止の決定がなされます。この場合には破産手続費用さえないのですから配当もありませんので、破産手続廃止が決定した事業年度に貸倒損失を計上することになります。

破産手続廃止決定通知があったにもかかわらず、その事業年度で貸倒損失の計上を失念していたときには、その後の事業年度で貸倒損失の計上をすることはできません。これを認めてしまうと、利益が多額にある事業年度に損失を計上するなど、利益調整が可能となってしまうためです。その場合には破産手続廃止決定通知のあった事業年度の更正の請求を行うことが可能です（ただし、法定申告期限から5年以内）。

ところで、A社とは5年前から取引をしていた売掛先ということですので、上記1(3)の形式上による貸倒れについて適用できる可能性があります。要件である、「売掛債権につき債務者との取引停止以後1年以上経過した場合等」に該当するかですが、これは「継続的な取引を行っていた債務者

の資産状況、支払能力等が悪化したため、その債務者との取引を停止した場合において、その取引停止の時と最後の弁済の時などのうち最も遅い時から1年以上経過した場合」です。今回のケースの場合、取引停止は1年前、最後の支払は半年前とのことですので、最後の支払のあった時から1年以上経過した場合は、売掛金から備忘価額（1円）を控除した額を貸倒損失として損金経理すれば、税務上も貸倒損失として計上できます（担保物がある場合を除く）。

　また、資本金が1億円以下の法人などの中小企業等に該当する法人については、破産手続開始の申立てがあった場合には、回収不能見込額について限度額内で個別評価金銭債権に係る貸倒引当金の計上ができます。

　この場合の限度額は次により計算した金額です。　　　　　（法令96①三）

$$
\left(
\begin{array}{c}
\text{対象} \\ \text{金銭} \\ \text{債権}
\end{array}
-
\begin{array}{c}
\text{実質的に債} \\ \text{権と認めら} \\ \text{れない金額}
\end{array}
-
\begin{array}{c}
\text{担保権の実行} \\ \text{等による取立} \\ \text{等の見込額}
\end{array}
\right) \times 50\%
$$

調査官はココを見る！

貸倒損失の計上時期が適正か、次のようなポイントをチェックします。
- 貸倒損失が計上されている会社のホームページはあるか。
- 請求書の発行、電話、郵便での督促がいつどのようになされているか。
- 債務者の資産状況から本当にその全額が回収できないことが明らかか。
- 債務免除をしている場合、安易に債務免除をしていないか。債務超過が相当期間継続しているか。

事例10

100%グループ法人への寄附金の取扱い

> 当社は100%子会社であるＡ社が工場を新設するに当たり、１億円を貸付けることにしました。Ａ社は債務超過ではありませんが、資金繰りはよくないため、利息を免除する予定です。その場合、利息相当額が当社からＡ社に対する寄附金となり、Ａ社は当社からの受贈益となるようですが、100%グループ法人間の場合は特別な取扱いがあると聞きました。その取扱いについて教えてください。

回答

その無利息貸付けが、合理的な再建計画に基づくものである等、相当な理由があるものでない限り、貴社の行う無利息貸付けによる利息相当額は寄附金として扱われることになります。

Ａ社は貴社の100%子会社とのことですので、貴社は利息相当額を益金の額に算入するとともに同額の寄附金を計上することになりますが、その額は全額損金になりません。

Ａ社においては利息相当額を損金の額に算入するとともに同額の受贈益を計上することになりますが、その額は全額益金になりません。

解説

1　100%グループ法人間における寄附金、受贈益の取扱い

完全支配関係にある法人間（100%グループ法人間）に対する寄附金はその全額が損金の額に算入されず、その寄附を受けた法人においてはその金額に対応する受贈益の額は益金の額に算入されません。

ただし、この取扱いは法人による完全支配関係に限られ、個人による完全支配関係のある法人は対象外となります。

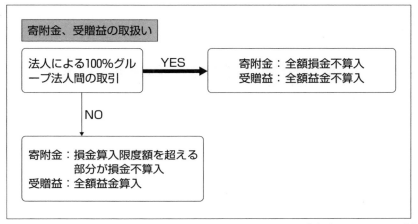

（法法25の2、37②）

2　無利息貸付けによる利息相当額の取扱い

　寄附金の額とは、寄附金、拠出金、見舞金その他いずれの名義をもってするかを問わず、金銭その他の資産又は経済的な利益の贈与又は無償の供与（広告宣伝及び見本品の費用その他これらに類する費用並びに交際費、接待費及び福利厚生費とされるべきものを除く。）をした場合における当該金銭の額若しくは金銭以外の資産のその贈与の時における価額又は当該経済的な利益のその供与の時における価額とされています。

　グループ法人間で金銭を無利息で貸付けた場合、通常収受すべき利息との差額が寄附金の額とされます。

　ただし、子会社に対する無利息貸付けが、業績不振の子会社等の倒産を防止するためにやむを得ず行われるもので合理的な再建計画に基づくものであるなど、その無利息貸付けをしたことについて相当な理由があると認められるときは、その無利息貸付けによる経済的利益の額は寄附金に該当しないとされています。　　　　　　　　　　（法法37⑦、法基通9-4-2）

3　貴社の場合

　貴社の場合、利息の免除の理由は資金繰りであり、特に合理的な再建計画に基づくものではないということであれば、貴社では利息相当額が寄附

金となりますが、その金額は損金にならず、子会社であるＡ社は利息相当額が受贈益となりますが、益金になりません。

　例えば、利息相当額が100とした場合、次のとおりとなります。

	貴社	A社
税務上の処理	受取利息計上漏れ　　＋100 寄附金認定損　　　　△100 寄附金損金不算入　　＋100	支払利息認定損　　　△100 受贈益計上漏れ　　　＋100 受贈益益金不算入　　△100
差引	所得金額　　　　　　100	所得金額　　　　　　△100

　また、貴社の利息の免除は寄附修正事由に該当することになりますので、寄附修正として100をＡ社株式の税務上の帳簿価額に加算することになります。

　具体的には、別表５⑴にＡ社株式（寄附修正）として増の欄に記載します。この処理は別表５⑴にのみ記載しますので、この金額が別表４と別表５⑴の検算が合わなくなります。　　　（法令９①七、119の３⑥、119の４）

【別表記載例】

所得の金額の計算に関する明細書（簡易様式）

| 事業年度 | 令和　3・4・1　令和　4・3・31 | 法人名 | | | 別表四（簡易様式） |

区　分			総　額 ①	処　　分		
				留　保 ②	社　外　流　出 ③	
当 期 利 益 又 は 当 期 欠 損 の 額	1		円	円	配　当	円
					その他	
加	損金経理をした法人税及び地方法人税（附帯税を除く。）	2				
	損金経理をした道府県民税及び市町村民税	3				
	損 金 経 理 を し た 納 税 充 当 金	4				
	損金経理をした附帯税（利子税を除く。）、加算金、延滞金（延納分を除く。）及び過怠税	5			その他	
	減 価 償 却 の 償 却 超 過 額	6				
	役 員 給 与 の 損 金 不 算 入 額	7			その他	
算	交 際 費 等 の 損 金 不 算 入 額	8			その他	
	受 取 利 息 計 上 漏 れ	9	100	100		
		10				
減	受取配当等の益金不算入額（別表八(一)「13」又は「26」）	14			※	
	外国子会社から受ける剰余金の配当等の益金不算入額（別表八(二)「26」）	15			※	
	受 贈 益 の 益 金 不 算 入 額	16			※	
	適格現物分配に係る益金不算入額	17			※	
	法人税等の中間納付額及び過誤納に係る還付金額	18				
	所得税額等及び欠損金の繰戻しによる還付金額等	19			※	
算	寄 附 金 認 容	20	100	100		
	仮　　　計（(22)から(24)までの計）	25	0	0	外※	
	寄 附 金 の 損 金 不 算 入 額（別表十四(二)「24」又は「40」）	27	100		その他	100
	法人税額から控除される所得税額（別表六(一)「6の③」）	29			その他	

利益積立金額及び資本金等の額の計算に
関する明細書

| 事業年度 | 令和　3・4・1　令和　4・3・31 | 法人名 | | | 別表五(一) |

I　利益積立金額の計算に関する明細書

区　分		期首現在利益積立金額 ①	当　期　の　増　減		差引翌期首現在利益積立金額 ①−②+③ ④
			減 ②	増 ③	
利 　益 　準 　備 　金	1	円	円	円	円
未 　収 　入 　金	2		100	100	0
A 社 株 式（ 寄 附 修 正 ）	3			100	100

調査官はココを見る！

　グループ法人間の取引は第三者との取引では行わないような取引がなされることがありますので、次のようなポイントを確認します。

　・子会社の財務状態はどうなっているか。

　・合理的な再建計画はあるか。

借地権及び地代の取扱い

　この度、代表者の所有する土地に本社事務所を
建築したいと考えております。建築費用の支払も
あり資金的に余裕がないことから、代表者には地
代等を支払わない予定です。税務上問題がありま
すか。

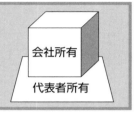

会社所有

代表者所有

回答

　代表者に対して権利金や地代等を一切払わず、「土地の無償返還に関す
る届出書」の提出をしない場合には、会社が代表者から借地権を無償で取
得したこととなり、会社に借地権相当額の受贈益が認定されます。

解説

1　借地権の認定課税

　他人の土地の上に建物を建てるために土地を借り受けた場合、通常は権
利金を授受するのが一般的です。通常の権利金を授受しない場合には、土
地の借主は無償又は低い価額で借地権を取得したとして、通常の権利金と
の差額について借地権の認定課税が行われます。

　ただし、以下の場合は借地権の認定課税は行われません。

(1)　相当の地代を支払い、「相当の地代の改訂方法に関する届出書」を
　　提出し、3年ごとに地代の改訂を行っている場合

(2)　「土地の無償返還に関する届出書」を提出している場合

　　　　　　　　　　（法令137、法基通13-1-2、13-1-7、13-1-8）

2　相当の地代の額

　借地権の設定等により他人に土地を使用させ、その使用の対価として権
利金に代えて相当の地代を授受すれば借地権の認定課税は行われませんが、
この場合の相当の地代の額は、原則として、その土地の更地価額のおおむ

ね年6％程度の金額です。

　土地の更地価額とは、その土地の時価をいいますが、課税上弊害がない限り次の金額によることも認められます。

（1）　その土地の近くにある類似した土地の公示価格などから合理的に計算した価額

（2）　その土地の相続税評価額又はその評価額の過去3年間の平均額

（法基通13-1-2）

3　「相当の地代の改訂方法に関する届出書」とは

　相当の地代を授受することとした時に、借地権設定に係る契約書において、その後の地代の改訂方法について次の(1)又は(2)のいずれかによることを定め、遅滞なく借地人と地主の連名で地主の納税地の所轄税務署長に提出する届出書です。届出がされない場合は、(2)を選択したものとして取り扱われます。

（1）　土地の価額の値上がりに応じて、おおむね3年以下の期間ごとにその収受する地代の額を相当の地代の額に改訂する方法

（2）　地代の額を改訂せず据置く方法など(1)以外の方法

（法基通13-1-8）

4　「土地の無償返還に関する届出書」とは

　借地権の設定等により他人に土地を使用させ、その使用の対価として権利金に代えて受け取る地代の額が上記2の相当の地代の額に満たない場合に、その借地権の設定等に係る契約書において将来借地人等がその土地を無償で返還する旨を定め、遅滞なく借地人と地主の連名で地主の所轄の税務署に届け出る届出書です。この届出を提出すれば、借地権の認定課税は行われません。

　無償返還は次のすべてを満たしている必要があります。

(1)	権利金の授受がないこと	
(2)	借地権の設定等に係る契約書において将来借地人等がその土地を無償で返還する旨を定めていること	

（法基通13-1-7）

5 貴社の場合

　貴社の場合、権利金も地代も一切支払わないとのことですので、「土地の無償返還に関する届出書」を代表者と法人連名で遅滞なく代表者の所轄税務署に提出しない場合、借地権の認定課税が行われ、借地権の価額が受贈益として法人税の課税所得となります。

6 法人が借地人の場合の課税上の取扱い

　法人が借地人の場合の課税上の取扱いは以下のとおりです。

区分			個人地主	法人借地人
通常の権利金を授受する場合		権利金	受領した権利金の額が土地の価額の 5/10超→譲渡所得 5/10以下→不動産所得	支払った権利金の額を借地権として資産計上
		地代	不動産所得	損金算入
通常の権利金を授受しない場合	相当の地代の授受あり	権利金	受領した権利金の額が土地の価額の 5/10超→譲渡所得 5/10以下→不動産所得	支払った権利金の額を借地権として資産計上
		地代	不動産所得	損金算入
	相当の地代の授受なし、無償返還の届出	有 権利金	課税関係なし	課税関係なし※1
		有 地代	不動産所得※2	損金算入※2
		無 権利金	課税関係なし	権利金相当額について受贈益課税
		無 地代	不動産所得※2	損金算入※2

※1　権利金の授受がない場合に限ります。少しでも権利金の授受がある場合は、通常の権利金との差額について借地権の認定課税が行われます。

※2　実際の支払地代の額が相当の地代の額に満たない場合でも、課税関係は生じません。

調査官はココを見る！

　法人と役員との取引も第三者とは通常行われない取引が行われる場合があります。そのため、法人税や役員個人の所得税が課税もれとなっていないか次のようなポイントをチェックします。

・法人所有の事務所の土地建物の名義は誰か。

・役員所有の土地に法人が建物を建築している場合、相当の地代が払われているか。払われていない場合、土地の無償返還の届出書の提出はあるか。

土地の無償返還に関する届出書

<table>
<tr><td rowspan="3">※
整理事項</td><td>1 土地所有者</td><td>整理簿</td><td></td></tr>
<tr><td rowspan="2">2 借地人等</td><td>番 号</td><td></td></tr>
<tr><td>確 認</td><td></td></tr>
</table>

受付印

2通提出（添付書類含む）

令和　年　月　日

国 税 局 長
税 務 署 長 殿

土地所有者＿＿＿＿＿＿＿は、〔借地権の設定等／使用貸借契約〕により下記の土地を令和　年　月　日

から＿＿＿＿＿＿に使用させることとしましたが、その契約に基づき将来借地人等から無償で

土地の返還を受けることになっていますので、その旨を届け出ます。

　なお、下記の土地の所有又は使用に関する権利等に変動が生じた場合には、速やかにその旨を届

け出ることとします。

記

土地の表示

所　在　地　＿＿＿＿＿＿＿＿＿＿＿＿＿＿＿＿＿＿＿＿＿＿＿＿＿＿

地目及び面積　＿＿＿＿＿＿＿＿＿＿＿＿＿＿＿＿＿　＿＿＿＿＿＿＿㎡

	（土地所有者）	（借地人等）
住所又は所在地	〒　　電話（　）　－	〒　　電話（　）　－
氏名又は名称	＿＿＿＿＿＿＿	＿＿＿＿＿＿＿
代表者氏名	＿＿＿＿＿＿＿	＿＿＿＿＿＿＿

	（土地所有者が連結申告法人の場合）	（借地人等が連結申告法人の場合）
連結親法人の納税地	〒　　電話（　）　－	〒　　電話（　）　－
連結親法人名等	＿＿＿＿＿＿＿	＿＿＿＿＿＿＿
連結親法人等の代表者氏名	＿＿＿＿＿＿＿	＿＿＿＿＿＿＿

借地人等と土地
所有者との関係　＿＿＿＿＿

借地人等又はその連結親法人
の所轄税務署又は所轄国税局　＿＿＿＿＿

02.12 改正

222

（契約の概要等）

1　契約の種類 _____

2　土地の使用目的 _____

3　契約期間　令和　　年　　月　～　令和　　年　　月

4　建物等の状況

(1)　種類 _____

(2)　構造及び用途 _____

(3)　建築面積等 _____

5　土地の価額等

(1)　土地の価額 _____ 円　（財産評価額 _____ 円）

(2)　地代の年額 _____ 円

6　特約事項 _____
_____

7　土地の形状及び使用状況等を示す略図

8　添付書類　(1)　契約書の写し　(2) _____

土地の無償返還に関する届出書等の記載要領

1 この届出書は、法人税基本通達13-1-7《権利金の認定見合せ》又は連結納税基本通達16-1-7《権利金の認定見合せ》に基づいて土地の無償返還の届出をする場合に使用してください。

2 この届出書は、土地所有者（借地権の転貸の場合である借地権者を含みます。以下同じ。）の納税地（土地所有者が連結申告法人である場合には連結親法人の納税地）の所轄税務署長（国税局の調査課所管法人にあっては、所轄国税局長）に2通提出してください。

（注）1 借地権の転貸の場合には、この届出書の「土地所有者」を「借地権者」と訂正して使用してください。

2 この届出書は、土地所有者が個人であっても提出することができます。

3 この届出書の提出後において、その届出に係る土地の所有者又は使用者等について次のような変動が生じた場合には、その旨を速やかに借地人等との連名の書面（2通とします）により届け出てください。

(1) 借地権の設定等により土地所有者又は借地人等に変更があった場合

(2) 土地所有者又は借地人等の住所又は所在地（納税地がその住所又は所在地と異なる場合には、その納税地）に変更があった場合

(3) 契約の更新又は更改に基づき契約条件に変更があった場合

(4) この届出書に係る契約に基づき土地の無償返還が行われた場合

4 各欄の記載は次によります。

(1) [借地権の設定等]
[使用貸借 契約]は、契約の種類に応じ該当するものを○で囲んでください。

(2) [使用目及び面積]は、その土地の登記簿上の地目又は現況と異なる場合には、その現況の地目及び面積を記載してください。

(3) [住所又は所在地]には、土地所有者及び借地人等の住所又は所在地を記載しますが、納税地がその住所又は所在地と異なる場合には、借地人等の納税地（国税局の調査課所管法人にあっては、所轄国税局）を記載してください。連結申告法人にあっては、連結親法人の納税地（国税局の調査課所管法人にあっては、所轄国税局）を記載してください。

(5) [契約の概要等]は次により記載してください。

イ [契約の種類]には、例えば「地上権の設定」、「地役権の設定」、「土地の賃借」、「土地の使用貸借」等のように、その契約の種類を記載してください。

ロ [2 土地の使用目的]には、例えば「鉄骨造工場用建物の敷地として使用する」、「鉄筋コンクリート造10階建マンションの建設のため」等のように、借地人等におけるその土地の使用目的を具体的に記載してください。

ハ [4 建物等の状況]の各欄は、借地人等がその届出書に係る土地の上に有している建物等について、次により記載してください。

(イ) [(1)種類]には、建物、構築物等の別を記載してください。

(ロ) [(2)構造及び用途]には、その建物等の構造及び用途を、例えば「鉄筋コンクリート造、店舗用」等のように記載してください。

(ハ) [建築面積等]には、その建物等の建築面積、階数、延床面積等を記載してください。

ニ [5 土地の価額等]の各欄は、その借地権の設定又は使用貸借契約をした時における当該土地の更地価額（借地権の転貸の場合には、その借地権の価額）及び収受することとした地代の年額をそれぞれ記載してください。

なお、[(1)土地の価額（　　円）]には、当該土地の財産評価額を記載してください。

ホ [6 特約事項]には、例えば建物の用途制限、契約の更新等について特約がある場合には、その内容を記載してください。

5 この届出書には、契約書の写しのほか、[(1)土地の価額]に記載した金額の計算の明細その他参考となる書類を添付してください。

6 留意事項

○ 法人課税信託の名称の併記

法人税法第2条第29号の2に規定する法人課税信託の受託者がその法人課税信託について、国税に関する法律に基づく税務署長等に申請書等を提出する場合には、申請書等の「氏名又は名称」及び「連結親法人名等」の欄には、受託者の法人名又は氏名のほか、その法人課税信託の名称を併せて記載してください。

相当の地代の改訂方法に関する届出書

※整理事項	1 土地所有者	整理簿	
		番　号	
	2 借地人等	確　認	

2通提出（添付書類含む）

令和　　年　　月　　日

国 税 局 長
税 務 署 長　殿

　土地所有者＿＿＿＿＿＿＿＿は、借地権の設定等により下記の土地を令和＿＿年＿＿月＿＿日から＿＿＿＿＿＿＿＿に使用させることとし、その使用の対価として法人税法施行令第137条に規定する相当の地代を収受することとしましたが、その契約において、その土地を使用させている期間内に収受する地代の額につき法人税基本通達13－1－8（又は連結納税基本通達16－1－8）の $\begin{cases} (1)により改訂する \\ (1)に よ ら な い \end{cases}$ こととしましたので、その旨を届け出ます。
　なお、下記の土地の所有又は使用に関する権利等に変動が生じた場合には、速やかにその旨を届け出ることとします。

記

土地の表示

所 在 地 ＿＿＿＿＿＿＿＿＿＿＿＿＿＿＿＿＿＿

地目及び面積 ＿＿＿＿＿＿＿＿＿＿＿　＿＿＿＿＿㎡

	（土地所有者）	（借地人等）
住所又は所在地	〒 電話（　　）　－	〒 電話（　　）　－
氏名又は名称		
代表者氏名		
	（土地所有者が連結申告法人の場合）	（借地人等が連結申告法人の場合）
連結親法人の納税地	〒 電話（　　）　－	〒 電話（　　）　－
連結親法人名等		
連結親法人等の代表者氏名		

借地人等と土地所有者との関係	借地人等又はその連結親法人の所轄税務署又は所轄国税局
＿＿＿＿＿＿	＿＿＿＿＿＿

02. 12 改正

（契約の概要等）

1　契 約 の 種 類 _____

2　土地の使用目的 _____

3　契 約 期 間　　令和　　　年　　　月　～　　令和　　　年　　　月

4　建 物 等 の 状 況

　(1) 種　　　　類 _____

　(2) 構造及び用途 _____

　(3) 建 築 面 積 等 _____

5　土 地 の 価 額 等

　(1) 土 地 の 価 額 _____ 円　（_____）円

　(2) 権利金等の額 _____ 円

　(3) 地 代 の 年 額 _____ 円

6　特 約 事 項 _____

_____

7　土地の形状及び使用状況等を示す略図

8　添 付 書 類　(1)　契約書の写し　(2) _____

226

相当の地代の改訂方法に関する届出書の記載要領等

1　この届出書は、法人税基本通達13-1-8《相当の地代の改訂》又は連結納税基本通達16-1-8《相当の地代の改訂》に基づいて相当の地代の改訂方法の届出をする場合に使用してください。

2　この届出書は、土地所有者（借地権の転貸の場合における借地権者を含みます。以下同じ。）の納税地（土地所有者が連結申告法人である場合には連結親法人の納税地）の所轄税務署長（国税局の調査課所管法人にあっては、所轄国税局長）に2通提出してください。
(注)1　借地権の転貸の場合にあっては、この届出書の「土地所有者」を「借地権者」と訂正して使用してください。
　　　2　この届出書は、土地所有者が連結法人であっても提出することができます。

3　この届出書の提出後において、その届出に係る土地の所有する権利等について次のような変動が生じた場合には、その旨を速やかに借地権者等との連名の書面（2通とします）により届け出てください。
(1)　合併又は相続等により土地所有者又は借地権者に変更があった場合
(2)　土地所有者又は借地人等がその住所又は所在地（納税地）に変更があった場合
(3)　契約の更新又は変更があった場合
(4)　その土地の返還又は借地権の譲渡があった場合

4　各欄の記載は次によります。
(1)　「□(1)に改訂する
　　　 □(1)によらない　」
　　　ものの□で囲んでください。
(2)　「地目及び面積」は、その土地の登記簿上の地目又は面積が現況と異なる場合には、その現況により記載してください。
(3)　「住所又は所在地」には、土地所有者及び借地人等の住所又は所在地を記載してください。が、納税地がその住所又は所在地（納税地）の所轄税務署又は所轄国税局）を記載してください。
(4)　「借地人等である借地人等の納税地」には、借地人等（借地人等が連結申告法人である場合と異なる場合にはその納税地を記載する結申告法人である場合には連結親法人の納税地（国税局の調査課所管法人にあっては、所轄国税局）を記載してください。

(5)　「契約の概要等」は次により記載してください。
イ　「1契約の種類等」には、例えば「地上権の設定」、「土地の賃借」、「土地の地役権の設定」、「借地権の転貸」等のように、その契約の種類を記載してください。
ロ　「2土地の使用目的」には、例えば「鉄筋工場用建物の敷地として使用する」、「鉄筋コンクリート造10階建マンションの建設のため」等のように、借地人等におけるその土地の使用目的を具体的に記載してください。
ハ　「4建物等の状況」の各欄は、借地人等がその土地の上に有している建物等について、次により記載してください。
(イ)　「(1)種類」には、建物、構築物等の別を記載してください。
(ロ)　「(2)構造及び用途」には、その建物等の構造及び用途を、例えば「鉄筋コンクリート造、店舗用」等のように記載してください。
(ハ)　「(3)建築面積等」には、その建物等の建築面積、階数、延床面積等を記載してください。

ニ　「5土地の価額等」の各欄には、その借地権の設定をした時における当該土地の更地価額（借地権の転貸の場合にあっては、その借地権の価額）、収受した権利金等の額（特別の経済的利益の額を含みます。）及び収受することとした地代の年額をそれぞれ記載してください。
なお、この場合の地代の額の計算の基礎となる土地の更地価額につき近傍類地の公示価額から合理的に算定した価額又は財産評価額によっているときは、「(1)土地の価額等」の「（　　　　　円）」に、そのいずれかを表示するとともに、「(2)地代の額」の「」にその金額を記載してください。
ホ　「6特約事項」には、例えば借地の用途制限、契約の更新等について特約がある場合に、その内容を記載してください。

5　この届出書には、契約書の写しのほか、「(1)土地の価額」に記載した金額の計算が明細その他参考となる事項を記載した書類を添付してください。

6　留意事項
○　法人課税信託の名称の併記
法人税法第2条第29号の2に規定する法人課税信託の受託者がその法人課税信託について、国税庁に関する法律に基づく受託者の事務を提出する場合には、申請書等の「氏名又は名称」及び「連結親法人の名称等」の欄には、受託者の法人名又は氏名のほか、その法人課税信託の名称を併せて記載してください。

227

コラム　役員退職給与の適正額

．．

　役員退職給与は、その役員が業務に従事した期間、その退職の事情、その法人と同種の事業を営む法人でその事業規模が類似するものの役員退職給与の支給の状況等に照らし、不相当に高額である場合、その不相当に高額な部分の金額は損金にすることができません。

　創業者である代表取締役が退職した際、創業者だからという理由で功労金として30％加算するなどして支給することがあります。この場合には功労金の額を含めた退職金の総額が不相当に高額か否か、ということになります。この点について争われた裁決をご紹介します。
〇平成23年5月25日裁決　仙台国税不服審判所

　納税者は、退職した役員は法人に多大な貢献をした特別の事情があるため、会社への貢献を顕彰する特別功労加算金を役員退職金に加算すべきと主張しました。

　これに対し、国税不服審判所は「役員退職給与の額には、その支出の名目のいかんにかかわらず、退職により支給される一切の給与が含まれ、特別功労加算金相当額は、同業類似法人の功績倍率に反映されているものと解され、これを基礎として算定した役員退職給与相当額（審判所認定額）は、特別功労加算金を反映したものというべき」としています。

調査官はココを見る！

役員退職金は功労加算を含めて同業類似法人の功績倍率と比べて高額ではないか？

　次は役員退職金の額が認められたケースをご紹介します。
〇役員報酬と役員退職金が高額か否かが争われた事案
（平29.2.23東京高裁、平30.1.25上告棄却）

　代表者が退任し取締役になったことにより支給した6億7千万円の役員退職金と、役員4人に対する役員報酬12億7千万について、税務署が不相当に高額だとして否認したことに対して納税者が訴えを起こ

しました。

　役員退職金は代表者の最終月額報酬×功績倍率3.0×在任期間15年として計算していました。

　最高裁まで争われましたが、判決は次のようになりました。

役員退職金→不相当に高額とはいえない
役員報酬→不相当に高額であり損金算入できない

---

①役員退職金について

　退職した代表取締役の職務内容は、法人の経営や成長等に対する相応の貢献があったというべきであり、比較法人の最高額を超えない限りは、不相当に高額な部分があるとはいえないとしました。

②役員報酬について

　役員報酬はその役員の職務の内容、法人の収益及び使用人に対する給与の支給の状況、その法人と同種の事業を営む法人でその事業規模が類似するものの役員に対する給与の支給の状況等に照らし、不相当に高額な部分は損金にできません。

　この事案の法人は増額前に比べ売上総利益、営業利益、経常利益はいずれも減少し、使用人に対する給与の状況に変化はないのに、役員給与総額のみが上昇しており、類似法人の役員給与等の状況等にも照らし、類似法人の役員給与の最高額を超える部分は、不相当に高額であるなどとして損金に算入できないとしました。

　この裁判の中で国側は、財務省や国税庁がホームページ上で公表している「法人企業統計年報特集」、「民間給与実態統計調査」や民間データでも平均役員給与額は算定可能としていますので、役員報酬を決める際、参考にしておくとよいでしょう。

執筆担当一覧

【著者紹介】

髙橋 幸之助 （たかはし・こうのすけ）

中央大学商学部卒業
東京国税局調査部、都内各税務署勤務後、
平成26年8月髙橋幸之助税理士事務所開
設。
現在、税理士・研修・セミナー等の講師。
著書に「三訂版 源泉所得税の誤りが多
い事例と判断に迷う事例Ｑ＆Ａ」「新訂
版 税目別実務上誤りが多い事例と判断
に迷う事例Ｑ＆Ａ」「中小企業者のための費用の取扱い」「実務家
のための外国税額還付の手引書」「海外取引と最新の税務調査対
策」（いずれも大蔵財務協会）、「改訂版 実務家のための図解によ
るタックス・ヘイブン対策税制」（法令出版）がある。

菅原 温子 （すがわら・あつこ）

東京都立商科短期大学商学部卒業（現在
首都大学東京の一部）。
都内各税務署勤務後、平成17年7月退職。
平成20年3月菅原税理士事務所開設。
著書に「中小企業のための費用の取扱い」
（大蔵財務協会）がある。

税務調査官はココを見る！
中小企業の誤りが多い事例と判断に迷う事例Q&A

令和 3 年11月18日　初版印刷
令和 3 年12月10日　初版発行

不　許
複　製

著　者　髙　橋　幸之助
　　　　菅　原　温　子

（一財）大蔵財務協会　理事長
発行者　木　村　幸　俊

発行所　一般財団法人　大 蔵 財 務 協 会
〔郵便番号　130-8585〕
東京都墨田区東駒形1丁目14番1号
（販　売　部）TEL03（3829）4141 ・ FAX03（3829）4001
（出版編集部）TEL03（3829）4142 ・ FAX03（3829）4005
http://www.zaikyo.or.jp

乱丁・落丁の場合はお取替えいたします。　　　印刷　恵友社
ISBN978-4-7547-2958-5